« Eichmann était d'une bêtise révoltante »

Hannah Arendt
Joachim Fest

« EICHMANN ÉTAIT D'UNE BÊTISE RÉVOLTANTE »

Entretiens et lettres

Traduction de l'allemand et de l'anglais (américain), annotations et postface de Sylvie Courtine-Denamy

Édité par Ursula Ludz et Thomas Wild

Ouvertures
Fayard

Ouvrage publié sous la direction
d'Alain Badiou et Barbara Cassin.

Couverture : Atelier Didier Thimonier
Photographies : (de gauche à droite) Hannah Arendt, 1960
© Estate of Fred Stein, fredstein.com ; Joachim Fest, 1973 © akg-images ;
Hannah Arendt, 1963 © Bettmann/Corbis ; Joachim Fest, 1965
© picture-alliance/dpa-Report.

ISBN : 978-2-213-67123-9
Titre original : *Eichmann war von empörender Dummheit*

Sur l'édition

Les notes de la traductrice sont appelées par *, sauf lorsqu'elles viennent compléter celles des éditeurs où elles sont signalées entre [...]. Sauf mention contraire, le titre *Eichmann in Jerusalem. Ein Bericht von der Banalität des Bösen* renvoie ici à la version allemande publiée en 1964 par Piper, Munich, Zurich. Hannah Arendt a procédé à un remaniement sensible de son livre pour l'édition allemande ainsi qu'elle l'écrivait à Mary McCarthy : « J'ai passé plus d'un mois à réécrire le "Eichmann" allemand (réécrire ? écrire, point)*. » Nous avons traduit les passages cités à partir de la version allemande, tout en nous efforçant simultanément de renvoyer le lecteur à la traduction en français, le passage d'une langue dans l'autre induisant toutefois nécessairement certaines modifications. Nous avons en outre mentionné entre < ... > les passages de la version allemande qui ne se trouvent pas dans l'original anglais à partir duquel a été établie la traduction française :

* Lettre datée de Noël 1964, *in* H. Arendt-M. McCarthy, *Between Friends : the Correspondence of Hannah Arendt and Mary McCarthy, 1949-1975*, Carol Brightman (ed.), New York, San Diego, Londres, Harcourt, Brace, 1995, p. 257 [H. Arendt-M. McCarthy, *Correspondance, 1949-1975*, Paris, Stock, 1996, réunie, présentée et annotée par Carol Brightman, trad. de l'américain par F. Adelstain].

Eichmann à Jérusalem, sous la direction de Pierre Bouretz, Paris, Gallimard, « Quarto », 2002, trad. Anne Guérin (1966) revue par Michelle-Irène Brudny de Launay (1991) pour « Folio histoire », révisée par Martine Leibovici, désormais cité de façon abrégée *E à J*.

Introduction

« C'est cette bêtise qui était si révoltante. Et c'est précisément ce que j'ai voulu dire par le terme de banalité », explique Hannah Arendt dans son entretien avec Joachim Fest. Immédiatement après sa publication, son Rapport sur la banalité du mal[1], sur le procès intenté à Jérusalem contre Eichmann* – responsable en tant que directeur du Bureau des affaires juives (*Judenreferat*) et de l'Office central de la Sécurité du Reich (*Reichssicherheitshauptamt*)** de la déportation de millions d'hommes dans les camps nazis d'extermination –, avait suscité une controverse acharnée qui prit une dimension internationale. Comment pouvait-on qualifier de « banal » le « mal » lié à un crime de ce genre et à celui qui l'avait perpétré ? Dans son

* Le procès, qualifié de « Nuremberg du peuple juif » par le Premier ministre israélien David Ben Gourion, s'ouvrit le 11 avril 1961. Eichmann avait été enlevé par les agents du Mossad qui étaient à sa recherche le 11 mai 1960 à Buenos Aires où il vivait avec sa famille sous la fausse identité de Ricardo Klement. Un second procès eut lieu en Israël, celui de John Demjanjuk, extradé des États-Unis en 1986 : surnommé « Ivan le Terrible », cet homme dirigeait le gazage à Treblinka. Condamné à mort en 1988, son arrêt fut toutefois cassé en 1993 du fait de doutes concernant son identité.

** Le *Reichssicherheitshauptamt* (RSHA) fut créé en 1939 par Heinrich Himmler. Son domaine d'action recouvrait les questions liées à la sécurité politique et aux services de renseignements, dont notamment l'arrestation des individus politiquement indésirables. Il eut comme premier chef Reinhard Heydrich ; Ernst Kaltenbrunner lui succéda en 1942 et jusqu'à la fin de la guerre.

entretien avec Fest, Hannah Arendt répond à cette question en citant une histoire tirée de *Rayonnement*, dans les *Journaux de guerre (1939-1948)* de Jünger : « Suis allé en voiture chez le coiffeur. Là, conversation sur les prisonniers russes qu'on nous envoie des camps, comme main-d'œuvre. "Il doit y avoir de sales types parmi eux. Ils prennent la pâtée des chiens pour la bouffer !" » Il n'était pas venu à l'esprit du coiffeur qu'en fait ces hommes étaient affamés. « Cette bêtise, dit Arendt, a quelque chose de vraiment révoltant. » Eichmann était d'un certain point de vue « intelligent », « mais il avait cette bêtise en partage. [...] Il n'y a là aucune profondeur – rien de démoniaque ! Il s'agit simplement du refus de se représenter ce qu'il en est réellement des autres[2]. »

Joachim Fest était un interlocuteur particulièrement approprié pour discuter avec Arendt de ces questions controversées. Son livre, *Les Maîtres du IIIe Reich*[*], de même que l'original anglais du livre d'Arendt, *Eichmann in Jerusalem. A Report on the Banality of Evil*, publié en 1963, offrait pour la première fois des portraits des dirigeants du régime nazi, de Hitler en passant par Himmler et Göring, Ribbentrop et Hess jusqu'à Heydrich et Schirach. Dans « Un essai de synthèse » sur lequel s'achève son livre, Fest résume en quoi a consisté sa tâche de chroniqueur de l'histoire de cette époque en prenant en compte ses dirigeants politiques : « Cela ne relève pas, comme on l'a souvent cru, de la démonologie. » Selon lui, nous serions bien plutôt

* Joachim Fest, *Das Gesicht des Dritten Reichs. Profile einer totalitären Herrschaft*, Munich, Piper & Co Verlag, 1963 [*Les Maîtres du IIIe Reich*, Paris, Grasset, 1965, trad. de l'allemand par Simone Hutin et Maurice Barth].

confrontés au problème de montrer comment « un tel degré d'incapacité, de médiocrité et d'absence de caractère » a provoqué les crimes monstrueux qui en sont résultés[3].

Arendt et Fest ont débattu de ces questions non seulement dans le cadre de l'entretien radiophonique qui a été diffusé sur la chaîne de radio Südwestdeutsche Rundfunk le 9 novembre 1964, et dont nous présentons ici la première publication sous forme de livre[4], mais également au cours d'une correspondance jusqu'à présent inédite que les deux auteurs ont échangée entre 1964 et 1973. Ces lettres sont contemporaines de l'époque où Fest travaillait en qualité de « conseiller littéraire[5] » d'Albert Speer – l'architecte attitré de Hitler qui devint ensuite son ministre de l'Armement – sur les Mémoires[*] de celui-ci ; elles sont également contemporaines de l'époque où a été publiée la biographie de Fest sur Hitler (1973). Pour Hannah Arendt, les années qui suivirent la publication d'*Eichmann à Jérusalem* ont également marqué un tournant : déclenchant l'hostilité au niveau international, elle s'est retrouvée au centre d'une controverse prenant pour cible sa description et son évaluation des crimes du régime nazi, au cours de laquelle de proches compagnons de route et des amis se sont détournés d'elle[**]. Elle saisira l'occasion non

* Albert Speer, *Erinnerungen*, Francfort-sur-le-Main, Propyläen Verlag, 1979 [*Au cœur du Troisième Reich*, Paris, Fayard, 1971, trad. de l'allemand par Michel Brottier].

** Ce fut le cas de Gershom Scholem dans la célèbre lettre qu'il lui adressa le 23 juin 1963 où il lui reprochait notamment son manque d'amour pour Israël (*Ahabat Israel*) et à laquelle elle répliqua le 20 juillet 1963 (La réponse de Hannah Arendt, traduite à partir de l'allemand, a été publiée dans Hannah Arendt-Gershom Sholem, *Correspondance*, établie par Marie-Luise Knott avec la collaboration de David Heredia, trad. de l'allemand par Olivier Mannoni avec Françoise Mancip-Renaudie pour les lettres et les textes en anglais, Paris, Seuil, 2012, p. 427-434). Ce fut également le cas de Hans Jonas, qui interrompit toute relation avec elle pendant plusieurs années. Quant à Kurt Blumenfeld, il mourut avant qu'elle ait pu se réconcilier avec lui.

seulement pour réfléchir sur « Vérité et Politique* », mais également pour s'orienter de façon décisive vers les activités de la pensée et du jugement. Son héritage philosophique, *La Vie de l'esprit*, auquel elle commença à travailler au cours de sa correspondance avec Fest, reprend l'inquiétante question de la confrontation avec Eichmann : la pensée peut-elle nous préserver de commettre le mal[6] ?

Le criminel nazi Adolf Eichmann, recherché par toutes les polices du monde, fut arrêté au printemps 1960 en Argentine par les services secrets israéliens et conduit en Israël. Entre avril et décembre 1961, celui qui autrefois avait été lieutenant-colonel dans la SS, qui avait préparé la Conférence de Wannsee** et en avait rédigé le protocole comparut devant le tribunal de Jérusalem. À la fin du procès Eichmann fut condamné à mort. Après avoir vainement fait appel, et sa demande de grâce ayant été refusée, il fut exécuté le 31 mai 1962. Hannah Arendt assista au procès en tant que reporter pour le journal *The New Yorker* : « Participer à ce procès est, me semble-t-il, d'une certaine manière un devoir que j'ai vis-à-vis de mon passé », écrivait-elle avant de partir pour Jérusalem[7]. La Juive Hannah Arendt avait dû fuir les nazis en 1933, d'abord pour Paris, puis en 1941 pour New York***. Son

* Voir *infra*, note 44, p. 184.

** La Conférence de Wannsee, banlieue de Berlin, où fut décidée la « Solution finale » (*Endlösung*), se tint le 20 janvier 1942 à la villa Marlier.

*** Rappelons que Hannah Arendt séjourna à Paris de 1933 à 1940. Arrêtée sur ordre du gouverneur de Paris en mai 1940 en sa qualité d'« étrangère ennemie » et internée au camp de Gurs dans les Pyrénées-Orientales, elle réussit à s'en échapper et obtint un visa pour les États-Unis où elle arriva en mai 1941.

livre, *Elemente und Ursprünge totaler Herrschaft*, publié en allemand en 1955, et quatre ans plus tôt en anglais*, fut l'un des premiers à réfléchir sur la rupture de cette époque. Après la guerre, Arendt se rendit à de multiples reprises en Europe et en Allemagne, la première fois en 1949-1950 dans le cadre de son contrat avec la Reconstruction culturelle juive (*Jewish Cultural Reconstruction*), en vue de retrouver les biens culturels juifs qui avaient été dérobés et de les mettre à l'abri[8]. Elle demeura en exil, prenant la citoyenneté américaine en 1951. Mais sa pensée politique et théorique est restée liée aux phénomènes de crises de la république américaine, ainsi qu'au passé et aux répercussions du régime nazi. Elle regrettait d'avoir « raté les procès de Nuremberg » et de n'avoir jamais vu « ces gens-là en chair et en os », la procédure contre Eichmann lui en fournissant, ainsi qu'elle l'écrivait, « probablement [s]a dernière chance[9] ».

Pour Arendt, le fait de voir « en chair et en os » est une condition de la pensée et du jugement. Elle parvint à la formule troublante de la « banalité du mal » en suivant une méthode : s'étonner, chercher les mots, réfléchir aux impressions, un processus qui demeure ouvert, en mouvement. Cette formule n'est pas déduite à partir d'une théorie, pas plus qu'elle n'est la communication d'un résultat. Cette approche n'a finalement rien à voir avec le fait que, dans le cas d'Eichmann, on mettait en accusation un crime face auquel la catégorie traditionnelle de « meurtre » ou celle

* Il s'agit de *The Origins of Totalitarianism*, New York, Harcourt, Brace and Co, 1951 [*Les Origines du totalitarisme*, sous la direction de Pierre Bouretz, trad. par Micheline Pouteau, Martine Leiris, Jean-Loup Bourget, Robert Davreu et Patrick Lévy, révisée par Hélène Frappat, Paris, Gallimard, « Quarto », 2002].

convaincante de « délit intentionnel » s'étaient effondrées. Il ne faisait aucun doute selon Arendt que l'accusé qui se trouvait devant le tribunal de Jérusalem était coupable. La difficulté pour les juges était de « rendre un jugement et d'infliger un juste châtiment[10] ». Cela devait se dérouler sur la toile de fond de la Shoah, du « meurtre de masse administratif » qui était sans précédent dans l'histoire. Contrairement à d'autres génocides, dans le cas présent des populations et des groupes d'hommes tout entiers avaient été exterminés, sans aucune « finalité » : les Juifs, les Polonais, les Tziganes et les Roms, les homosexuels, les handicapés physiques ou les malades mentaux n'ont pas été expulsés et tués en masse pour occuper militairement des régions importantes, ou éliminer de dangereux opposants au régime. Leur mort fut complètement « absurde ». On leur a refusé le droit d'exister en tant que membre de la communauté humaine. C'est pour cette raison que Hannah Arendt parle d'un « crime contre l'humanité » (*Verbrechen gegen die Menschheit*) sans précédent, en s'appuyant sur le concept de « *crimes against humanity* », tel qu'il a été forgé à l'occasion des procès de Nuremberg. Elle estime que la traduction en allemand par « Verbrechen gegen die Menschlichkeit » est un euphémisme inadmissible « comme si les nazis avaient simplement manqué de tout "sentiment humain*" lorsqu'ils ont envoyé six millions de Juifs dans les chambres à gaz[11] ». C'était la première fois depuis le procès de Nuremberg en 1945-1946 qu'un tribunal se

* L'allemand distingue *Menschheit*, le genre humain, et *Menschlichkeit*, le sentiment humain.

penchait à nouveau sur le cas d'un haut responsable de ces crimes.

Eichmann expliqua au tribunal de Jérusalem qu'il s'était intéressé à l'histoire du sionisme et qu'il avait organisé la « sortie [*sic*] de nombreux Juifs » avec les représentants de leurs organisations qui étaient « attelés à la même charrette[12] ». Dans ses déclarations, il prenait en considération le fait qu'il se sentait coupable devant Dieu et non devant la loi : il n'avait fait qu'agir conformément au serment professionnel qu'il avait prêté, il n'avait été qu'un petit rouage dans une grosse machine à broyer qui aurait également fonctionné sans lui. Arendt prit le jugement qu'Eichmann portait sur lui-même au sérieux, dans la mesure où elle estimait que ce qu'il avait fait ne relevait pas d'une haine des Juifs ou d'un fanatisme idéologique. « Eichmann était en effet "normal" dans la mesure où il n'était pas une exception dans le régime nazi compte tenu des conditions du IIIe Reich[13] », écrit-elle : des conditions dans lesquelles Hitler avait promulgué la loi « Tu tueras ! ». Hannah Arendt montre que les bavardages d'Eichmann selon lesquels il aurait agi en obéissant à ses supérieurs n'étaient qu'une manière de fuir ses responsabilités. Les indices, de même que ses déclarations, attestent que l'accusé « en chair et en os » à Jérusalem « en avait assez vu lui-même pour savoir exactement comment fonctionnait la machine de destruction[14] ». Pourquoi a-t-il malgré tout suivi les ordres manifestement criminels de ses supérieurs ?

Au lieu d'expliquer le comportement d'Eichmann par un besoin de notoriété, par une obsession sexuelle, par une dynamique de groupe ou en recourant à d'autres théories sociopsychologiques, ou de les rejeter, Hannah Arendt oriente son regard vers un problème fondamental et politique : le fonctionnement de la faculté de juger humaine. Eichmann se serait isolé de la réalité dans la mesure où, pour chaque expérience, il disposait d'un cliché ou d'un modèle linguistique tout prêt : « Le langage administratif est mon seul langage. » Arendt détecte dans cette incapacité à s'exprimer une incapacité à penser et à juger : Eichmann n'était pas en mesure de considérer quelque chose à partir de points de vue différents, de se représenter les conséquences de ses actes, de percevoir rétrospectivement la réalité de cette manière et de parvenir à se former un jugement indépendant. Arendt estimait que la leçon la plus importante du procès consistait en ce qu'« un tel éloignement par rapport à la réalité et une telle absence de pensée [avaient pu] occasionner un malheur encore plus grand que tous les mauvais instincts réunis qui sont peut-être inhérents à l'homme[15] ». Cette superficialité très profonde qui était celle d'Adolf Eichmann – il n'était pas un « monstre », mais bien plutôt un « bouffon »[16] – témoignait, selon Arendt, de quelque chose qu'elle baptisa la « banalité du mal ».

Un nouveau type de coupable faisait-il son apparition ? Un mélange de refus de la réalité, de perte de l'expérience, de fidélité à son devoir et d'absence de responsabilité, qui représenterait également un paradigme de la modernité ? De ce point de vue, quel est le rapport entre Eichmann, Hitler et Speer ? Ce sont ces questions dont débattent Hannah Arendt et Joachim Fest au cours de leurs entretiens.

Le Rapport de Hannah Arendt sur le procès fournit l'occasion de l'entretien. Achever *Eichmann à Jérusalem* lui avait pris beaucoup de temps ou plus exactement elle avait dû y consacrer beaucoup de temps. Après avoir commencé son travail, il lui fallut surmonter deux coups du sort : d'une part, une sérieuse maladie de son mari Heinrich Blücher, et, d'autre part, ayant eu elle-même un accident le 19 mars 1962 dans Central Park alors qu'elle circulait en taxi, elle dut être hospitalisée assez longtemps. Elle attendit ensuite le jugement qui fut prononcé le 29 mai 1962 et exécuté peu de temps après. « Je suis contente qu'ils aient pendu Eichmann », écrit Hannah Arendt à Mary McCarthy : « Non pas que ça comptait. Mais ils se seraient rendus totalement ridicules, me semble-t-il, s'ils n'avaient pas poussé la chose jusqu'à sa seule conclusion logique[17]. » Elle rendait fréquemment compte de l'avancée de son travail à son amie : « J'en suis à la moitié d'Eichmann et passablement désespérée parce que je n'arrive pas à faire aussi bref que je le voulais. » Mais le contact avec les faits et les choses concrètes la divertissait ; son bureau ressemblait « à un champ de bataille, jonché de journaux et des feuilles polycopiées de la transcription du procès » ; puis l'article sur Eichmann devint finalement un « livre » de 312 pages dans la première édition anglaise, que le *New Yorker* accepta dans son intégralité[18]. Suivirent plusieurs mois au cours desquels le manuscrit dut affronter le regard minutieux des collaborateurs du *New Yorker*, s'appliquant aux faits comme au style. Elle préparait simultanément l'édition sous forme de livre. La phase de correction dura jusqu'au dernier moment avant que soit publiée le 16 février 1963 la première des cinq livraisons de « Eichmann à Jérusalem ». Lectrice enthousiaste, Mary McCarthy notait depuis Paris à propos des « Fragments d'Eichmann » : « C'est là une véritable victoire de l'esprit sur la matière, une victoire exemplaire, et je trouve formidable que cela soit publié dans une revue grand public. [...] En tant que collaboratrice, je peux t'assurer que tu n'as nullement été new-yorkisée. C'est vraiment une réussite[19]. » Lorsque Mary McCarthy lui écrit cette lettre, Hannah Arendt est déjà partie pour l'Europe. Après avoir quitté New York le 19 février, elle arrive à Bâle quatre jours plus tard pour célébrer le 80e anniversaire de Karl Jaspers*, puis elle retourne en Allemagne. Fin mars elle entreprend avec son mari un long voyage d'agrément en Grèce et en Italie, en faisant un crochet par Israël. Tous deux reviennent à New York par bateau début juillet. Ce qui s'était déroulé en leur absence la rattrape de façon inexorable : « L'appartement était littéralement inondé de courrier que personne n'avait ouvert ni fait suivre[20]. »

Comme le constate rétrospectivement Joachim Fest, le reportage du procès par Arendt avait déclenché « sans aucun doute le plus grand scandale qu'un livre avait jamais suscité depuis des décennies[21] ». À peine la cinquième et dernière livraison d'« Eichmann à Jérusalem » était-elle parue dans le *New Yorker* le 16 mars 1963 que la « controverse » ou encore ce qu'on a appelé « la controverse autour d'Arendt »[22] commença. Le Conseil des Juifs d'Allemagne lança la première offensive en publiant le 22 mars en allemand la déclaration intitulée « La réaction des Juifs aux persécutions de l'époque nazie[23] ». Le Conseil, qui avait

* Karl Jaspers avait dirigé la thèse de Hannah Arendt à l'université de Heidelberg sur *Der Liebesbegriff bei Augustin* et la fit éditer chez Springer en 1929 [*Le Concept d'amour chez Augustin. Essai d'interprétation philosophique*, trad. par Anne-Sophie Astrup, Paris, Deux Temps-Tierce, 1991]. Hannah Arendt reprit avec lui leur correspondance interrompue par la guerre.

été fondé en 1945 à titre d'association des Juifs émigrés d'Allemagne, fut dès le début un groupe influent en Israël et aux États-Unis. Dans sa déclaration, il s'insurgeait vigoureusement contre la « représentation falsifiée de l'histoire » que proposaient tant Arendt, dans « Eichmann in Jerusalem » – qui n'était pas encore un livre disponible sur le marché –, que Raul Hilberg, dans *La Destruction des Juifs d'Europe*[24], arguant qu'« il ne revient pas à ceux qui n'y étaient pas de porter un jugement moral sur ce terrifiant chapitre », à savoir la situation des Juifs, et en particulier des Conseils juifs, sous le régime nazi. Le Conseil prépara de son côté une série de publications qui devaient montrer « comment les Juifs allemands se sont organisés en mobilisant avec la plus grande énergie toutes les forces morales et matérielles pour s'entraider, et comment ils sont parvenus à maintenir, dans les circonstances les plus difficiles, l'estime et le respect qu'ils se devaient à eux-mêmes[25] ». Un thème central de la controverse était ainsi formulé : il ne s'agit de rien de moins que « de l'honneur et du salut[26] ». On voudrait, comme l'affirmait le président du Conseil Siegfried Moses, « réorienter la controverse concernant le comportement des Juifs en analysant ces publications irresponsables » – et au premier chef celle de Hannah Arendt –, « s'agissant des faits comme des aspects humains ». C'est ce qui fut fait, tout d'abord dans le bulletin d'information du Conseil, et peu de temps après les « analyses » correspondantes furent rassemblées et publiées dans une brochure[27].

Fin mars Hannah Arendt fut également attaquée par l'hebdomadaire new-yorkais à destination des Juifs allemands *Aufbau*[28]. Au cours des huit semaines suivantes, plus de dix contributions furent publiées, auxquelles vinrent s'ajouter d'innombrables lettres de lecteurs. Dans l'édition du 29 mars 1963 qui en constitue l'ouverture, la rédaction titrait : « La tempête autour de l'"Eichmann" de Hannah Arendt » et publiait en première page la déclaration du Conseil des Juifs d'Allemagne, en anglais cette fois-ci. Deux thèmes venaient au premier plan : la question de la résistance juive et du comportement des Conseils juifs pendant l'époque nazie, de même que le sauvetage de l'honneur de Leo Baeck (« Voici qui était le rabbin Leo Baeck »). Bien que Hannah Arendt ait régulièrement écrit des articles au cours des années 1941 à 1945 dans *Aufbau*[*], on lui refusa la possibilité d'exprimer son point de vue[29]. En décembre 1963 on publia des extraits de sa réponse à la lettre de Scholem qui était déjà parue, ainsi que la lettre de Scholem, dans la *Neue Zürcher Zeitung*[30]. Ce même numéro accueillit en outre « un point de vue qui n'avait jusqu'à présent jamais été soutenu dans *Aufbau* » – un rectificatif au sens d'Arendt.

« Qu'est-ce que Hannah Arendt a vraiment dit ? » demande Josef Maier, qui fut autrefois son collègue à *Aufbau.* Josef Maier avait émigré d'Allemagne en Amérique dans les années 1920, et avait été entendu aux procès de Nuremberg contre les criminels de guerre en tant qu'officier de l'armée américaine. « Le livre de Hannah Arendt [...] est un rapport sur Eichmann qui se fonde essentiellement sur les actes du procès et sur les interrogatoires de police

* Ces articles d'*Aufbau* ont été repris dans le volume Hannah Arendt, *Jewish Writings*, Jerome Kohn et Ron H. Feldman (ed.), Schocken Books, New York, 2007 [*Écrits juifs*, établi par Jerome Kohn et Ron Feldmann, trad. de l'allemand et de l'anglais, Avant-propos et annotations par Sylvie Courtine-Denamy, Paris, Fayard, 2011].

concernant Eichmann. Il n'évoque rien qui ne se soit produit au cours du procès lui-même. Il ne s'agit pas d'un livre sur les Juifs et sur l'histoire juive. Celui qui est au centre, c'est Adolf Eichmann. Il était peut-être prévisible que sa thèse concernant la banalité du mal donnât lieu à de nombreux malentendus et qu'elle fût mal interprétée. Mais affirmer qu'il s'agit ici d'une condamnation globale du procès, d'une accusation consciente, dénuée de tact et de cœur contre les victimes, et Dieu sait quoi encore, est manifestement une allégation mensongère. » Maier évoque ensuite ce qui s'est passé au cours du procès et écrit : « Conduire ce procès essentiellement de manière politique et non comme une action juridique », telle était l'intention du Premier ministre David Ben Gourion et du procureur Gideon Hausner, tandis que le président du tribunal, Moshe Landau, « serait parvenu à s'orienter vers une action juridique. Pour Hannah Arendt il ne fait aucun doute que justice a été rendue à Jérusalem ».

« Pourquoi l'establishment est-il si furieux ? » demande en outre Maier. Avec « la complète indépendance qui la caractérise, Hannah Arendt a osé mentionner en passant dans son Rapport quelque chose qu'on aurait préféré refouler, oublier ou réécrire avec l'approbation de l'establishment ». Il semblerait que ce soit la question du comportement des victimes au sein du « monstrueux plan de meurtre », ou pour le dire plus précisément, celui des Conseils juifs à l'époque de la « Solution finale », qui ait à ce point révolté l'establishment s'obstinant dans cette unique version : « Toutes les victimes, y compris les Conseils juifs, étaient placées sous le signe du *Kiddusch haschem* (la sanctification du Nom). » Le Conseil a interprété « en termes de *Chillul haschem* (profanation du Nom) et de blâme ce qui n'était en vérité qu'un Rapport ». Et voici la conclusion de Maier : « Chez nous également une partie du "passé n'est pas maîtrisé" et doit l'être[31]. »

Tandis que les discussions en langue allemande battaient leur plein à l'initiative du Conseil, on put discerner le début d'une nouvelle phase de la controverse, en langue anglaise, lorsque le juge américain Michael Musmanno publia le 19 mai 1963 sa critique du livre d'Arendt dans la *New York Times Review of Books*[32]. Musmanno n'était pas juif, mais il était personnellement concerné, dans la mesure où, ayant fait partie du tribunal de Nuremberg, il avait déposé en tant que témoin au cours du procès Eichmann. Hannah Arendt atteste dans son livre qu'il ne connaissait tout simplement pas les mécanismes de domination du régime nazi, raison pour laquelle il avait surestimé le rôle d'Eichmann dans le système – ce qui tombait à point nommé pour le ministère public de Jérusalem[33]. À la différence d'*Aufbau*, la rédaction du *New York Times* demanda à Hannah Arendt de prendre position. De Rome où elle séjournait, Arendt envoya un « communiqué » manuscrit dans lequel elle informait les rédacteurs que Musmanno avait critiqué un livre « qui, à ma connaissance, n'a jamais été écrit ni publié* ». Exemples à l'appui, elle reprochait à la rédaction d'avoir fait appel à un recenseur qui était selon elle foncièrement hostile et incompétent[34]. Musmanno répondit publiquement et fit suivre sa critique de lettres et d'appels téléphoniques

* En anglais dans le texte : « *which, to my knowledge, was never written or published* ».

adressés à William Shawn, l'éditeur du *New Yorker*, de même qu'à l'éditeur Denver Lindley chez Viking Press[35].

La critique de Musmanno dans le *New York Times* eut une énorme influence. La controverse devint une affaire dont débattaient les intellectuels new-yorkais. Arendt et Eichmann furent pendant plusieurs mois au centre des « dîners en ville* » au cours desquels on disputait ferme[36]. Les experts et les observateurs trouvèrent des mots durs pour ce qui était en train de se dérouler : « guerre civile » (Irving Howe), « pogrom » (Mary McCarthy), « le clivage existe au sein même des familles », écrivit Arendt à Jaspers[37]. Le spécialiste d'histoire contemporaine Anson Rabinbach constate rétrospectivement que le livre d'Arendt « a dû » constituer une provocation, la controverse autour d'Eichmann ayant « donné lieu à des milliers de publications ». Cette « discussion publique la plus amère [...], qui ait jamais été menée concernant l'Holocauste », a amorcé parmi les intellectuels new-yorkais « un tournant dans la manière dont on discutait en public de la mémoire de l'Holocauste[38] ». Ici également, comme l'expose Rabinbach, on se trouve en présence d'un passé dont l'élucidation avait été, consciemment ou non, omise.

La controverse atteignit la République fédérale d'Allemagne en 1964 par le biais d'un article de Golo Mann auquel *Die Neue Rundschau*, de même que des extraits dans *Die Zeit* donnèrent une large publicité[39]. Golo Mann terminait son exposé, qui fut repris par la suite dans *Die Kontroverse* sur deux objections contre Arendt et son livre : « Cette dialectique pleine de suffisance crée une nuit

* En anglais dans le texte : « *dinner talks* ».

où tous les chats sont gris, où ceux qui sont bons ne le sont pas vraiment, et où ceux qui sont mauvais ne le sont pas non plus ; où ceux qui sont bons ne peuvent pas faire mieux, ni les mauvais quoi que ce soit de pire ; [nous objectons contre le fait] que l'auteure déforme à plaisir ce qu'elle peut déformer avec un semblant d'exactitude, et [contre le fait] qu'elle prétende, au nom de son intelligence, être au-dessus de tout, alors qu'elle n'est en fait nulle part. À quoi peut bien nous servir l'intelligence lorsqu'elle s'attelle de façon aussi inséparable à deux forces plus puissantes, la recherche de l'originalité et l'arrogance[40] ? » En lançant une telle attaque contre la personne et contre l'œuvre, Mann prononce une condamnation claire des arguments au nom desquels le débat a été mené. Il se place de surcroît à la tête de ceux qui veulent empêcher la publication du livre d'Arendt en allemand[41].

Un an et demi s'écoule entre la publication d'*Eichmann à Jérusalem* et la rencontre de Hannah Arendt avec Joachim Fest. À cette époque, le travail en vue de l'édition allemande battait déjà son plein, et Piper prépara soigneusement la publication en lui donnant une publicité non moins enflammée que *Die Kontroverse*[42]. La vie d'Arendt était à cette époque-là dominée par la controverse. Elle réagit de différentes manières, aussi bien en privé que publiquement. Encore prête au début à s'exprimer en public[43], elle apprit par la suite que les débats aux États-Unis et en Israël avaient pris une forme dans laquelle il ne s'agissait plus d'échanger des opinions et des idées. En octobre 1963, elle écrivit à son amie Mary McCarthy : « J'ai aussi l'intention d'écrire un essai sur “Vérité et Politique”, qui constituerait une réponse implicite. Si tu étais ici, tu comprendrais que toute cette affaire, à quelques exceptions près, n'a absolument rien à voir avec la critique ou la polémique au sens normal du terme. C'est une campagne politique, sous-tendue et dirigée dans tous ses détails par des groupes d'intérêt et des agences gouvernementales. [...] La critique vise une “image” et cette image s'est substituée au livre que j'ai écrit[44]. » Ainsi Arendt renonce-t-elle dans un premier temps à d'autres prises de position publiques[45], avant que la Préface pour l'édition allemande de son livre en octobre 1964 ne lui fournisse l'occasion d'exposer son point de vue[46].

Par ailleurs, Hannah Arendt consacra beaucoup de temps et d'énergie en conférences et en discussions avec les étudiants américains[47]. Dans une lettre à Karl Jaspers, elle lui rend compte d'une réunion à Columbia le 23 juillet 1963, à laquelle le rabbin de l'université l'avait conviée : « La salle prévue pour trois cents personnes en contenait cinq cents et la police a empêché plus de cinq cents personnes d'entrer de force. J'ai été accueillie aussitôt par une ovation ; j'ai parlé peu de temps, engagé une discussion [...][48]. » On trouve dans le Fonds Hannah Arendt deux pages dactylographiées en vue de cette réunion, sur lesquelles – comme plus tard en octobre de la même année, en vue d'une discussion semblable à l'université de Chicago –, elle note au début les « règles* » sous forme de mots-clés[49]. Celles-ci présentent un intérêt en rapport avec l'entretien et les lettres échangés avec Fest, dans la mesure où, dès cette date précoce, elles clarifient la position

* En anglais dans le texte : « *rules* ».

fondamentale d'Arendt dans la controverse. Arendt prévoit qu'il y aura deux groupes (« cercles* ») au cours de la réunion, un groupe interne et un groupe externe. Dans le premier, elle compte ceux qui ont lu le livre, dans le second ceux qui se sont contentés de la littérature secondaire consacrée à son livre, voire des ouï-dire. Elle ne souhaitait ni une réunion publique extra-universitaire ni aucun reportage de presse, et ce pour des raisons simples, ainsi qu'elle l'explique un peu plus loin : elle n'avait en effet préparé aucun « communiqué** », et, si elle avait voulu intervenir dans la discussion actuelle, elle aurait choisi un autre forum. Mais elle ne pouvait pas échapper au public ou écrire ultérieurement à ses lecteurs pour s'assurer qu'elle serait correctement citée, et qu'elle avait été bien comprise. Il lui importait donc de répondre aux questions et d'entrer dans l'argumentation. Les étudiants avaient manifestement accepté ces règles et ce fut un débat sans polémique. Aucune des questions, rédigées de façon anonyme, « ne contenait la moindre provocation », écrivit Arendt à Jaspers. Après son voyage en Allemagne, Arendt allait faire des expériences de ce genre avec des étudiants d'autres grandes écoles américaines : les universités l'avaient « sauvée », écrivit-elle à Jaspers[50].

Les déferlantes qui entourèrent le Rapport du procès par Arendt valent aussi pour la préparation de l'édition allemande. Les hésitations de Piper lors des négociations contractuelles autour d'*Eichmann in Jerusalem* manquèrent

* En anglais dans le texte : « *circles* ».
** En anglais dans le texte : « *statement* ».

de pousser Hannah Arendt à changer d'éditeur[51]. En outre, il fallut un certain temps pour trouver une traductrice appropriée, dès lors que « l'idée complètement folle » – ainsi que l'écrivait Arendt dans une lettre à Klaus Piper – d'engager Ingeborg Bachmann* ne se concrétisa pas[52].

Le procès d'Auschwitz qui débuta à Francfort en décembre 1963 fit prendre conscience du problème que posaient les criminels nazis vivant impunément en Allemagne. Lorsque la date de publication d'*Eichmann in Jerusalem* fut enfin fixée pour la Foire de Francfort au printemps 1964, Piper lança une « grande opération publicitaire » autour du livre d'Arendt ainsi que le raconte Jaspers à son amie new-yorkaise[53]. D'importantes contributions parurent dans le *Merkur* et dans *Die Zeit*[54] ; on organisa une parution de l'essai de Mary McCarthy – reproduit dans l'Appendice du présent volume – dans *Die Welt*, qui eut également beaucoup d'influence par la suite aux États-Unis[55]. Dans le cadre de la Foire du livre de Francfort l'éditeur convoqua une conférence de presse exclusive[56] avec l'auteure, déploya ses efforts pour obtenir une interview dans le *Spiegel*, et organisa un entretien télévisé avec Günter Gaus sur la ZDF**, qui devait devenir célèbre[57].

En août 1964 Joachim Fest prit contact avec Hannah Arendt. Par l'intermédiaire de leur éditeur commun, il devait conduire un entretien avec l'auteure pour la chaîne de radio Südwestdeutsche Rundfunk. Ainsi qu'elle l'écrit

* Ingeborg Bachmann (1926-1973), poétesse et écrivain autrichienne, politiquement très engagée, fréquenta l'avant-garde littéraire du « Groupe 47 » et fut l'amie du poète Paul Celan ainsi que de Max Frisch.

** ZDF : abréviation pour Zweites Deutsches Fernsehen, deuxième chaîne publique de la télévision allemande.

à Karl Jaspers, Hannah Arendt était sceptique à l'égard des « chichis » médiatiques[58]. Elle n'avait aucun intérêt à s'embarquer dans une stratégie de positionnement habile de son livre. Néanmoins elle accéda à la demande de Piper de présenter le livre en Allemagne et accepta également l'émission de radio avec Joachim Fest. Elle connaissait et appréciait le recueil de portraits publié par Fest en 1963, *Les Maîtres du IIIe Reich* : « Vous savez combien votre livre m'a plu[59]. »

Le livre de Fest correspondait aux écrits d'Arendt sur le totalitarisme nazi, compte tenu surtout de l'indépendance de son jugement et de sa liberté d'expression. Érudit, perspicace, ironique, ce livre brosse les « portraits » des chefs du régime nazi et les met en rapport avec le déracinement et la soif de « conception du monde » caractéristiques du XXe siècle, proposant ainsi « une contribution à l'étude du problème de la perméabilité de l'homme moderne à l'égard du totalitarisme[60] ». Fest en parle de façon rhapsodique, semblant vouloir mettre au jour les « aspects caractéristiques de ce qui constitue le national-socialisme », et se réfère explicitement dans certains passages aux *Origines du totalitarisme.* Dans la première lettre qu'il adresse à Arendt, Fest reconnaît que son livre « doit énormément à [ses] propres travaux[61] ». Inversement, Arendt reconnaissait qu'Eichmann – de même que Fest le reconnaissait à propos de Hitler et d'autres dirigeants du régime –, en dépit de la monstruosité de ses crimes, n'était pas un monstre mais l'« incarnation de la médiocrité[62] ». Dans la Préface à l'édition allemande d'*Eichmann à Jérusalem*, elle met en évidence sa lecture particulièrement éclairante des études que

Fest consacre à ses personnages : « Je me réjouis donc de vous connaître et de m'entretenir avec vous », lui fait-elle savoir en préambule à leur entretien radiophonique[63].

C'est alors que quelque chose d'inattendu se produisit. « Comme m'en a informé M. Piper, vous souhaitez si possible recevoir le plus tôt possible les questions. » Fest lui annonce qu'il a préparé une liste en vue de l'émission de radio et l'envoie peu après à Arendt. « Dans l'ensemble, commente-t-il sa présentation de quatre pages dactylographiées de façon serrée, les questions offrent, me semble-t-il, l'occasion de parer à toutes les objections auxquelles on peut s'attendre et qui se sont déjà partiellement exprimées dans ce pays[64]. » Il s'agit manifestement là d'un « malentendu », répond Arendt : « Je n'ai jamais eu l'intention de me *défendre*[65]. » Si elle avait accepté l'« entretien avec [lui] », c'est parce que la lecture du livre de Fest l'avait convaincue qu'il « devait y avoir des choses à propos desquelles nous pouvions discuter avec profit ». Arendt ne prévoit aucune mise en scène de questions et de réponses préparées à l'avance. Elle ne veut pas davantage associer son discours à la critique polémique de son livre. Au cas où cela ne serait pas possible, elle estime qu'il faudrait abandonner le projet.

Ce « malentendu effectivement tout à fait stupide » éclaire Fest sur ce qu'attendait de lui l'éditeur concernant l'émission de radio : cibler les malentendus et y couper court par avance[66]. On était là en présence d'un étrange imbroglio de bonne volonté qu'il convenait dès lors de démêler. Sur la proposition de Hannah Arendt, on trouva une issue consistant en une discussion libre sur des « problèmes à propos desquels nous avons *tous deux* des choses à dire », ainsi qu'elle l'écrit à Fest : « une conversation tout simplement[67] ».

Arendt et Fest passent en effet en revue dans cet entretien radiophonique des aspects du « passé nazi non maîtrisé » d'une manière qui est tout à fait inédite dans leur œuvre. Ils réfléchissent en s'adressant l'un à l'autre dans la situation concrète. Fest avait préalablement proposé de centrer la discussion autour d'Eichmann en posant la question d'un « nouveau type de criminel ». Au cours de l'entretien, Arendt développe une réflexion à partir de la « participation » : dans la participation, dans le fait d'agir ensemble, naît un sentiment de puissance qui n'est ni bon ni mauvais, mais simplement neutre. En même temps, les actions seraient liées à un sentiment de plaisir. Chez Eichmann, en revanche, il y aurait une perversion de l'action, qui consiste dans le fait de fonctionner. Or, même si le sentiment de plaisir est bien encore présent dans le fonctionnement, tout ce qui relève de l'agir-ensemble comme le fait de délibérer, d'argumenter, de réfléchir ensemble, de prendre des décisions, d'endosser la responsabilité serait éliminé. On n'aurait plus affaire qu'au phénomène du plaisir de fonctionner, au fait de « tourner purement à vide ».

Il est extrêmement rare qu'Arendt recoure à des concepts psychologiques comme celui de « plaisir ». Dans l'entretien avec Fest, dont *Les Maîtres du IIIe Reich* s'efforçaient expressément de mettre au jour « la structure psychologique d'un régime totalitaire[68] », elle s'intéresse au « plaisir » en politique. Elle rappelle à ce sujet l'exemple des Pères fondateurs américains – à partir desquels elle a rédigé son essai sur la Révolution* –, qui avaient fait cette expérience. Le fait de « tourner purement à vide », une image qu'elle met en parallèle avec l'expression du « pur plaisir de fonctionner », jette un pont avec *Les Origines du totalitarisme* où elle décrit le « mouvement pur et simple » engendré par la terreur arbitraire et par l'idéologie contraignante comme le centre vide de la domination totale. Arendt peut se permettre cette allusion du fait que son interlocuteur connaît son livre sur le totalitarisme et qu'il l'a cité ; pour l'auditeur comme pour le lecteur, le livre sur Eichmann se trouve ainsi associé à une dimension politico-historique pourtant absente du Rapport d'Arendt sur le procès, qu'elle reprend par conséquent sous la forme de l'entretien.

Dans un second temps, la liste des mots-clés concernant les questions sera abandonnée, et commence alors à se développer une conversation libre entre Arendt et Fest, au cours de laquelle ils abordent le thème de la « responsabilité ». Peut-on considérer comme coupable un criminel qui explique qu'il n'était « qu'un bureaucrate », qu'un organe d'exécution d'ordres supérieurs, et qu'il n'était par conséquent pas personnellement responsable ? C'est ce que plaident aujourd'hui encore aussi bien des militaires que des ministres et des présidents qui comparaissent au tribunal pour crimes de guerre ou pour violation des droits de l'homme. Lors du procès d'Auschwitz à Francfort, au cours duquel Arendt et Fest ont été reçus ensemble à la radio le

* Hannah Arendt, *On Revolution*, New York, Viking Press, 1963 [*De la révolution*, trad. par Marie Berrane avec la collaboration de Johan-Frédérik Hel-Guedj, in *L'Humaine Condition*, sous la direction de Philippe Raynaud, Paris, Gallimard, « Quarto », 2012].

17 septembre 1964[69], on pouvait entendre une telle argumentation quotidiennement.

Ce qui est « remarquable au cours des procédures judiciaires », c'est, dit Arendt, que tous les rouages et petits rouages du mécanisme redeviennent automatiquement des hommes : les juges ne jugent pas l'appareil bureaucratique, mais l'auteur lui-même qui fonctionne sans penser. Par là on lui accorde ce qu'il ne voulait pas s'imposer – penser par lui-même, ne pas participer. « Si vous contraignez quelqu'un à une activité sans relâche, dit Arendt à Fest, c'est toujours la même histoire [...], la conscience de la responsabilité ne peut pas se former : elle ne peut se former qu'au moment où on réfléchit – non pas sur soi-même, mais sur ce qu'on fait[70]. »

Cette réflexion vaut également – surtout si on prend en compte le style de la description – pour l'historien, qu'Arendt qualifie de « gardien de la vérité des faits ». Dans son entretien avec Fest, elle explique qu'on ne doit pas « parler de façon pathétique, au risque sinon de minimiser ». L'ironie peut être un moyen de juger de façon indépendante et responsable – « je continue à penser qu'on doit pouvoir rire, parce que c'est en cela que consiste la souveraineté » –, et « très peu de gens comprennent cela ». Alors que de nombreux critiques attaquaient violemment le style dans lequel était écrit *Eichmann à Jérusalem*, Arendt aborde avec Fest ce point difficile qui touche à l'éthique de l'écriture de l'histoire. Fest comprenait ce qu'Arendt entendait par ironie et souveraineté comme on peut le vérifier en choisissant presque au hasard un passage des *Maîtres du IIIe Reich*, où il parle du ministre des Affaires étrangères nazi Joachim von Ribbentrop : « [Sa carrière] conduisit Ribbentrop qui, à l'instar de Hitler, avait l'habitude de s'abandonner en des monologues sans fin, à des visions grandioses en ces domaines où la parole d'un homme atteint de folie des grandeurs cesse d'être innocente et engage inopinément le destin des peuples, et où la grossièreté cynique, loin de limiter sa réputation au cercle de ses compagnons de beuverie, le rendra responsable devant l'Histoire d'avoir troublé la paix du monde. Ribbentrop n'a jamais compris cette différence flagrante et, devant le tribunal de Nuremberg encore, il opposera à ses juges ce masque tendu que lui avait imposé son indigence d'esprit[71]. »

Il s'écoula cinq bonnes années avant que l'entretien entre Hannah Arendt et Joachim Fest se poursuive par un échange de lettres[72]. Entre-temps, Fest avait pris en charge les essais au *Spiegel*. En décembre 1969, il demanda à Arendt d'écrire le premier essai de cette nouvelle rubrique. Il souhaitait un texte concernant les crises politiques aux États-Unis. L'année suivante Fest se montre à nouveau « très désireux de voir paraître dans le *Spiegel* une contribution de [sa] part[73] ». Mais, dans les deux cas, Arendt ne vit d'autre possibilité que « malheureusement [l']envoyer promener[74] ». Tout se passe comme si on assistait à une répétition du début de leur correspondance : d'un côté Fest, qui propose à Hannah Arendt de faire entendre sa voix énergique dans un média de choix, de l'autre Arendt, qui n'est pas intéressée et qui, au lieu de cela, exprime le souhait d'une rencontre prochaine dans un cadre privé, car « [elle] a grand plaisir à [s'] entretenir avec [lui][75] ». Il y a une raison à cela : Joachim Fest avait commencé à écrire une biographie conséquente de Hitler. Dans sa lettre du 2 décembre 1969, il la mentionne accessoirement comme « le livre auquel vous avez véritablement donné le coup d'envoi ». Arrêtons-nous sur cette phrase : Arendt aurait donné le coup d'envoi de *la* biographie de Hitler ? Quelles lectures, quelles rencontres, quels entretiens avec la théoricienne du politique ont-ils été au départ du travail de Fest à son *opus magnum* ? Ne nomme-t-il pas dans d'autres passages l'historien Hugh Trevor-Roper et de façon indirecte Alan Bullock qui lui auraient donné l'impulsion décisive[76] ? La dédicace de Fest sur l'exemplaire de la première édition envoyé à Arendt porte : « En sincère affinité[77] ». Lorsqu'on feuillette la biographie de Fest sur Hitler*, on cherche en vain le nom d'Arendt. N'était-ce pas pourtant ce que laissait entendre la tournure « le livre auquel vous avez *véritablement* donné le coup d'envoi » ? Il semble en tout cas que Hannah Arendt a bel et bien donné ce coup d'envoi dans la mesure où elle a incité l'éditrice Helen Wolff, qui était une amie, à s'engager pour un tel livre rédigé par Fest[78]. Mais la lettre de Fest ouvre une question plus vaste : *Les Maîtres du IIIe Reich*, qui contient le noyau du livre sur Hitler, dialogue – comme nous l'avons dit – de façon intense avec *Les Origines du totalitarisme* d'Arendt. Dans sa correspondance avec Arendt, Fest émet à plusieurs reprises le souhait de discuter avec elle de certains aspects de son grand projet de livre.

* Joachim Fest, *Hitler : eine Biographie*, Francfort-sur-le-Main, Berlin, Vienne, Ullstein, 1973 [*Hitler. Une biographie*, Paris, Gallimard, 1973, trad. de l'allemand par Guy Fritsch-Estrangin, avec la collaboration de Marie-Louise Audiberti, Michel Demet et Lily Jumel ; t. 1 : *Hitler, jeunesse et conquête du pouvoir, 1889-1933*, t. 2 : *Le Führer, 1933-1945*].

Ils partent du débat commun sur un « nouveau type de criminel » qu'ils avaient amorcé lors de leur entretien radiodiffusé. Pourquoi ce chemin productif est-il abandonné dans *Hitler : une biographie* ? Ou, pour poser la question autrement, à quoi aurait dû ressembler le livre de Fest s'il avait effectivement été écrit en dialoguant avec celui d'Arendt, et également conçu comme réponse à sa pensée politique ? Que saurions-nous aujourd'hui d'autre et de *différent* sur ce chapitre de notre histoire contemporaine ? Ou bien, à la différence du *Hitler* de Fest, ce livre serait-il devenu un classique ? Autant de questions qui font ressortir le vide dans le discours politico-théorique de l'Allemagne d'après-guerre qui s'est dessiné au moins depuis la fin des années 1960, du fait de l'absence d'Arendt dans l'espace intellectuel de la République fédérale. À partir de la fin de l'année 1969, la correspondance d'Arendt et Fest est relancée une seconde fois en rapport avec un autre dirigeant nazi : Albert Speer. Les Mémoires* de l'architecte – qui avait construit le *Reichsparteitagsgelände** pour Hitler à Nuremberg, qui amorça la transformation de Berlin en « Germania capitale du monde », qui devint par la suite ministre nazi de l'Armement et qui fut condamné en 1946 à vingt ans de réclusion par le tribunal de guerre international de Nuremberg – venaient d'être publiés. Le livre eut immédiatement un énorme succès en Allemagne. « Speer a rendu bonne conscience à de nombreuses personnes qui avaient toujours été zélées, rangées, vertueuses et désintéressées et qui s'étaient

* Littéralement : le terrain du Congrès du Reich, gigantesque complexe architectural, situé au sud-est de la ville de Nuremberg, qui accueillit de 1933 à 1938 les congrès annuels du Parti national-socialiste.

soudainement retrouvées enferrées dans des conflits moraux », explique Fest dans une lettre à Arendt : « Il semble prouver qu'on pouvait être nazi et néanmoins honorable[79]. » L'ironie distanciée de Fest, sa paraphrase de l'(auto)portrait de Speer en nazi honorable, est parfois assez proche des Mémoires de celui-ci. En vue de ce livre, et également en vue de sa propre biographie sur Hitler, Fest avait en effet mené pendant deux ans une sorte de « collaboration en tant que conseiller littéraire avec "l'ami" de Hitler[80] ». Il ne prévoyait pas encore qu'il consacrerait également une biographie à Speer quarante ans*.

Après avoir lu les Mémoires de Speer, Arendt demande : « Comment ces choses ont-elles pu arriver à un homme qui *ne* cadrait manifestement *pas* avec cette société[81] ? » C'est également la question de Fest, qui considérait Speer comme un bel esprit intelligent issu de la grande bourgeoisie et qui s'était retrouvé sous l'emprise de « petits-bourgeois machiavéliques ou cupides[82] ». Comme en attestent leurs lettres, leurs réponses à tous deux diffèrent sur ce sujet. Arendt n'estimait pas que l'« explication [de Fest] (que Speer a lui aussi à moitié acceptée, peut-être sous [son] influence ?) » selon laquelle l'architecte de Hitler était un « technocrate » fût éclairante. Selon elle, Speer « était devenu nazi comme un adepte le devient du Dieu véritable » du fait qu'il était entré en relations avec Hitler « comme si Hitler avait été son grand amour », un amour qui avait persisté jusqu'à aujourd'hui (Speer avait commencé à rédiger sa biographie sur Hitler alors qu'il

* J. Fest, *Albert Speer : eine Biographie*, Berlin, A. Fest, 1999 [*Albert Speer. Le confident de Hitler*, Paris, Perrin, 2006, trad. de l'allemand par Frank Straschitz.]

était emprisonné à Spandau*). Speer n'est « jamais devenu nazi », lui rétorque Fest[83]. C'est son appétit démesuré d'organisation et sa soif de réussite qui l'auraient attiré dans la sphère d'influence du pouvoir. « Ah, vous ne pouvez pas savoir quelle ivresse et quelle absence de pensée étaient les miennes à l'époque ! » aurait naïvement confié un jour Speer à Fest, ce que ce dernier interprète comme un manque de résistance, symptomatique selon lui de la « fin de la société civile ». L'« absence de pensée » est le concept central à partir duquel Arendt va réfléchir au cours des années suivantes : dans quelle mesure la pensée pourrait préserver de commettre le mal. Répond-elle ce faisant aussi, de manière indirecte, à cette controverse concernant Speer qui est demeurée ouverte avec Fest ?

Les Mémoires de Speer seraient « les premiers Mémoires d'anciens nazis, dans lesquels on ne ment pas », écrit Arendt à Fest dans le même contexte[84]. Qu'entend-elle par là ? Le fait qu'on ne mente pas ici par principe – inconsciemment, et donc sans pensée –, mais dans le meilleur des cas partiellement et de façon ciblée, comme il en est habituellement en politique ? Le fait que Speer ne présente aucune « vérité de raison » idéologique hermétique, mais qu'il contribue à « la vérité des faits » pour maintenir la réalité ? Contrairement aux vérités de raison, les vérités de fait sont inscrites dans la contingence – « il aurait pu en être autrement » –, c'est-à-dire qu'il est possible de modifier le monde en agissant (à la même époque, Arendt développe ces réflexions dans ses conférences sur « Vérité

* Albert Speer purgea sa peine dans la prison militaire de Spandau (Berlin) de 1946 à 1966.

et Politique »). En dépit de son échec personnel Speer s'en serait-il souvenu ici ? Est-ce pour cette raison qu'Arendt écrit : « L'homme me plaît, mais je ne parviens pas à le comprendre » ? Eichmann la dégoûtait – d'où vient donc sa sympathie pour cet homme qui dit de lui-même : « J'aurais été l'ami de Hitler si Hitler avait eu des amis[85] ? » Ce sont là des moments déconcertants de cette correspondance qui résistent à toute analyse rapide.

Joachim Fest apporte à un autre moment une contribution analogue. « Je me suis permis, lorsque Speer est passé me voir dernièrement, de lui montrer certains passages de votre lettre », rapporte-t-il à Arendt en janvier 1971. Cela l'a rendu songeur et il a cherché à expliquer les « difficultés de compréhension » en vertu desquelles le Speer d'aujourd'hui considérait « l'autre », celui d'autrefois, comme « détaché de lui-même »[86]. Dans quelle situation Hannah Arendt est-elle ici entraînée ? On la contraint à prendre part à un entretien sans l'avoir sollicitée, à propos duquel elle ne peut être du même avis, et auquel elle ne peut pas non plus se soustraire, de telle sorte qu'il ne lui reste plus que le rôle de témoin muet – une étrange récupération qui la met également à nu[87].

Dès parution de la biographie, Joachim Fest envoya un exemplaire à New York : « Chère Madame Arendt, je vous adresse enfin mon livre sur Hitler[88]. » Après avoir lu la « Remarque liminaire » sur « Hitler et la grandeur historique », elle répondit à Fest dans la dernière lettre de leur correspondance en citant un commentaire de Brecht sur *Arturo Ui* : « Il faut écraser les grands criminels politiques :

et les écraser sous le ridicule. Car ils ne sont pas tant de grands criminels politiques, mais les auteurs de grands crimes politiques, ce qui est tout autre chose. [...] Pas plus que l'échec de ses entreprises ne fait de Hitler un imbécile leur étendue ne fait de lui un grand homme[89]. » En citant Brecht, Arendt renoue avec des thèmes déterminants de ses entretiens et de sa correspondance avec Fest – le rire et l'ironie comme actes de souveraineté, y compris dans le style de l'écriture[90], l'effroyable médiocrité de nombreux criminels nazis, la banalité du mal. Leur rencontre initiale transparaît également : l'entretien radiodiffusé de 1964, lorsque Hannah Arendt et Joachim Fest se sont rencontrés pour la première fois et qu'ils sont tombés d'accord sur cette tournure : « la bêtise qui est si révoltante ». La révolte est ce qui élève le cœur et agite les pensées. La bêtise, l'incompréhension, la sottise sont chez Kant synonymes de « manque de jugement[91] ». Le renversement du jugement indépendant consiste dans l'obéissance pure. Pour Joachim Fest, le fait qu'Eichmann se réclame de Kant et de l'obéissance constitue un « mensonge de survie qui revient comme un leitmotiv ». Hannah Arendt renchérit de façon plus insistante : « Aucun homme d'après Kant n'a le droit d'obéir[92]. »

Ursula Ludz et Thomas Wild,
janvier 2011.

« Eichmann était d'une bêtise révoltante »

Entretien radiophonique du 9 novembre 1964

Note des éditeurs

L'entretien radiodiffusé (p. 43-69) est vraisemblablement l'aboutissement d'un montage fait à partir d'un plus long entretien. À notre connaissance, il n'a été diffusé qu'une seule fois sur la SWR, dans la série « Das Thema », le 9 novembre 1964. La bande de l'enregistrement n'a probablement pas été conservée et les éditeurs ont travaillé sur une copie que Hermann Bohlen a mise à leur disposition, ce dont ils le remercient. Anna Wiehl en a assuré la transcription. Le manuscrit a été révisé et nous avons apporté le minimum de modifications nécessaires à la lisibilité. Il a fait l'objet d'une première publication dans la revue en ligne *HannahArendt.net* (voir la rubrique « Documents » n° 3/2005). La copie a été à nouveau contrôlée et l'appareil critique (p. 189-197) remanié pour la présente édition.

Joachim Fest : *Madame Arendt, pensez-vous qu'il y ait un rapport quelconque entre le procès Eichmann et ce qu'on a appelé les procès des KZ* en Allemagne*[1], *et, surtout, peut-on en quelque façon comparer les réactions en Allemagne et en Israël ? On a parfois entendu dire que les Allemands et les Juifs avaient en commun ce qu'on a qualifié d'une expression malheureuse le passé non maîtrisé.*

Hannah Arendt : Vous posez là deux questions. Permettez-moi de répondre tout d'abord à la première : je pense que le procès Eichmann a réellement eu l'effet d'un catalyseur pour les procès en Allemagne. Quelques-uns d'entre eux se sont déroulés avant, quelques arrestations ont eu lieu auparavant. Or, si vous considérez cela au niveau des statistiques et si vous avez en tête la date de

* KZ est l'abréviation pour *Konzentrationslager* (camp de concentration). À la suite du procès de Nuremberg, douze procès eurent lieu entre 1946 et 1948 sous l'égide du tribunal militaire international. Ils concernaient surtout des officiers supérieurs allemands. Les procès des camps regroupaient deux catégories : les tribunaux militaires et les tribunaux civils. Serge Klarsfeld estime à 5 000 le nombre de criminels qui y furent jugés sur 100 000 (voir www.sonderkommando.info/index.php/lesproces).

l'enlèvement* d'Eichmann[2], et non pas bien sûr celle de son procès, vous serez impressionné ne serait-ce qu'au niveau des pourcentages. Et je n'ai nullement l'intention de m'étendre ici sur les raisons de cet état de fait – c'est tout simplement un fait[3].

Vous dites à juste titre que les Juifs et les Allemands auraient en commun la question du passé non maîtrisé. Je souhaiterai apporter quelques restrictions. D'abord, la façon dont on a en commun le passé non maîtrisé est naturellement très différente selon que l'on fait partie des victimes ou des coupables ; et les Conseils juifs font aussi, naturellement, partie des victimes. Ils ne sont pas pour autant disculpés à cent pour cent, mais il est évident qu'ils sont de l'autre côté, c'est tout à fait manifeste.

En outre, le passé non maîtrisé est quelque chose – je sais cela à partir de mon expérience en Amérique – que les Juifs et les Allemands partagent en principe avec presque tous les pays ou les autres peuples de la terre, du moins en Europe et en Amérique. L'effroi même que toutes ces choses ont fait resurgir concerne tout le monde, et pas seulement les Juifs et les Allemands. Ce que les Juifs et les Allemands ont en commun, c'est le fait d'y avoir participé directement.

* La question de la légalité de l'arrestation d'Eichmann et de celle de son procès par un tribunal israélien plutôt que par un tribunal international fut tranchée au nom de l'argument selon lequel Eichmann était jugé pour ses crimes commis contre l'humanité « sur le corps du peuple juif ». La loi pénale israélienne votée en août 1950 punit de mort les « crimes contre le peuple juif », les « crimes contre l'humanité » et les « crimes de guerre », tous trois imprescriptibles. Elle est en outre rétroactive, s'applique hors du territoire israélien et peut juger à nouveaux frais des faits et des criminels précédemment jugés. Créée pour juger des « collaborateurs » juifs circulant sur le territoire israélien après la guerre, elle s'appliqua pour la première fois à un criminel nazi : Adolf Eichmann.

J'en viens maintenant à votre question de savoir si « cette réaction est identique en Allemagne et en Israël ». Voyez-vous, un quart de la population israélienne, 25 %, se compose de participants directs. C'est là un pourcentage énorme dans une population. Le fait qu'en tant que victimes ils réagissent différemment que l'Allemand moyen de n'importe quelle génération qui ne souhaite qu'une seule chose, ne plus jamais entendre parler de cela, est évident. Eux non plus ne veulent plus en entendre parler. Mais pour de tout autres raisons.

Je me suis rendu compte de quelque chose en ce qui concerne la position de la jeunesse en Israël et de ceux qui sont nés dans le pays. On y constate un désintérêt, un désintérêt qui est d'une certaine manière analogue à celui qu'on constate en Allemagne. Eux aussi partagent cette conception qu'il s'agit des problèmes de nos parents... À cette nuance près naturellement : « Si nos parents souhaitent qu'il en aille ainsi – alors, bien sûr ! Je vous en prie ! Mais s'il vous plaît qu'on ne nous... Cela ne nous intéresse pas beaucoup. » C'était tout à fait général. Il s'agit donc d'un problème de générations, tout comme en Allemagne.

Ces procès ont désormais révélé, tout comme l'avaient déjà fait en partie les procès de Nuremberg[4] *et les procès qui ont suivi, mais surtout à Nuremberg, un nouveau type de criminel.*

Il s'agit effectivement d'un nouveau type de criminel : je suis d'accord avec vous, quand bien même j'apporterais quelques restrictions. Pour nous, un criminel est quelqu'un qui a des mobiles criminels. Et, lorsque nous examinons Eichmann, il n'avait en vérité absolument pas de mobiles criminels. Du moins ce qu'on entend habituellement par l'expression « mobiles criminels ». Il voulait participer. Il voulait dire Nous, et cette participation, ce désir de dire Nous, suffisait tout à fait à rendre possibles les plus grands crimes. Les crimes de Hitler ne sont cependant en réalité pas ceux qui sont vraiment caractéristiques de ce genre de choses ; car ils étaient impuissants sans le soutien des autres.

Par conséquent qu'y a-t-il là de particulier ? Je ne prendrai en compte qu'Eichmann parce que je le connais. Et je dirai tout d'abord ceci : eh bien, c'est le fait de participer, c'est au sein de la participation, lorsque de nombreux individus agissent de concert, que naît la puissance. Aussi longtemps qu'on est seul on est toujours impuissant, si fort soit-on. Ce sentiment de puissance qui naît de l'action de concert n'est nullement mauvais en soi, il est universellement humain. Et il n'est pas bon non plus : il est tout simplement neutre. Il s'agit simplement là d'un phénomène humain universel qu'il faut décrire en tant que tel. Cette action procure un sentiment de plaisir extrême. Je ne vais pas commencer à me lancer dans des citations à ce sujet – on pourrait le faire pendant des heures s'agissant de la Révolution américaine[5]. Je dirais ici que la perversion propre à l'action consiste dans le fait de fonctionner, et que ce fonctionnement procure un sentiment de plaisir qui est toujours présent ; mais je dirais aussi que tout ce qui est en jeu dans l'action, y compris dans le fait d'agir de concert – délibérer ensemble, parvenir à des décisions précises, endosser la responsabilité, penser ce que nous faisons –, tout cela est éliminé dans le fait de fonctionner. Nous avons ici affaire au fait de tourner purement à vide.

Et c'est le plaisir de ce pur fonctionnement qui était tout à fait évident chez Eichmann. Je ne crois pas qu'il était mû par un désir de puissance. Il était le fonctionnaire type. Et un fonctionnaire, lorsqu'il n'est rien d'autre qu'un fonctionnaire, est vraiment un homme très dangereux. Je ne crois pas que l'idéologie ait joué un grand rôle là-dedans*. C'est cela qui me paraît décisif.

Lorsque je parlais d'un nouveau type de criminel, j'avais en vue le fait suivant : aussi bien en Allemagne que dans les pays alliés, on a assisté après la guerre à la tendance à diaboliser les dirigeants du IIIe Reich[6]*. Les Allemands n'ont cessé de voir dans ces dirigeants, à commencer par Hitler, et jusqu'à Eichmann, la bête émergeant des profondeurs et il se peut qu'ils aient ainsi voulu se forger un certain alibi. Car celui dans les profondeurs duquel la bête est tapie est naturellement beaucoup moins coupable que celui en qui se tapit un homme tout à fait ordinaire de l'envergure d'un Eichmann.*

Celui-ci est également fort intéressant.

Vraiment ? Soit. Chez les Alliés on s'est trouvé en présence d'un fait tout à fait analogue : on a occasionnellement disculpé, j'en veux pour preuve l'esprit de conciliation, la politique d'apaisement menée jusqu'en 1939. Et, de l'autre côté, la victoire sur cette bête surgie des profondeurs est apparue

* Voir sur ce point la thèse tout à fait opposée que soutient pour sa part l'historien David Cesarani dans son livre *Becoming Eichmann : Rethinking the Life, Crimes, and Trial of a « Desk Murderer »* (2006) [*Adolf Eichmann*, Paris, Tallandier, 2010, trad. de l'anglais par Olivier Ruchet].

beaucoup plus resplendissante lorsqu'on avait affaire à l'homme en chair et en os.

Il me semble que la diabolisation de Hitler est une affaire qui a beaucoup plus concerné les Allemands, y compris les émigrés allemands, que les Alliés eux-mêmes. Les Alliés ont en fait été épouvantés, une épouvante démesurée et sans précédent lorsque la vérité est apparue au grand jour. C'est là ce qu'on sous-estime de manière catastrophique en Allemagne. Cela signifie qu'on a sous-estimé jusqu'à quel point ils ont été saisis d'épouvante lorsqu'ils ont subi cette épreuve, lorsque le simple soldat a vu ce qui s'était passé à Bergen-Belsen et ainsi de suite... J'ai [appris] cela au cours d'innombrables entretiens. J'ai vécu à l'étranger – et je peux donc vous dire...

Or, comme vous l'avez dit d'une part justement, la démonisation (*Dämonisierung*) sert à se forger un alibi. On succombe ainsi au démon incarné dans la personne en chair et en os et en conséquence on est soi-même déchargé de toute culpabilité. Mais avant tout... voyez-vous, toute notre mythologie ou toute notre tradition voit effectivement dans le diable l'ange déchu. Et l'ange déchu est pourtant, c'est évident, beaucoup plus intéressant que l'ange qui est toujours demeuré un ange, et qui ne donne lieu à aucune histoire. Cela signifie que le mal a aussi joué, avant tout dans les années 1920 et 1930, le rôle en vertu duquel lui seul serait véritablement profond, n'est-ce pas ? Et vous retrouvez également cela en philosophie – le négatif, ce qui donne la véritable impulsion de l'histoire, et ainsi de suite. On peut en suivre la trace très loin. En conséquence : lorsqu'on fait appel au démon, on se rend non seulement intéressant, mais on s'attribue déjà aussi secrètement une profondeur dont les autres sont dépourvus. Les autres manquent tellement de profondeur qu'ils n'ont pas tué d'autres hommes dans les chambres à gaz. J'ai dit cela intentionnellement bien sûr, mais c'est ce qui en ressort. Or, s'il y a bien quelqu'un qui n'a pas fait appel à cette dimension, c'était bien monsieur Eichmann.

Eichmann était effectivement si insignifiant qu'un observateur se demandait si par hasard en l'attrapant et en le conduisant devant le tribunal on ne se serait pas trompé de personne. Eichmann ne s'est effectivement jamais non plus montré cruel, c'est ce qui ressort clairement de tous les documents. Au contraire, il lui a toujours semblé difficile d'accomplir ce dont il était chargé, et c'est précisément parce que cela lui semblait particulièrement difficile qu'il avait le sentiment de bénéficier d'une protection.

Oui, c'est exact. Et c'est malheureusement très répandu. On croit toujours que si quelque chose est bien ou mal on peut choisir de le faire, volontiers ou non. On croit que le mal est toujours une tentation qui surgit, tandis que le bien est en fait ce que personne ne désire jamais de soi-même. C'est à mon sens complètement stupide, si je puis me permettre. On retrouve toujours chez Brecht la représentation de la tentation du bien auquel on doit résister[7]. Pour en revenir à la théorie politique, on peut lire cela chez Machiavel, et même dans un certain sens chez Kant[8]. Eichmann et beaucoup d'autres étaient très souvent tentés de faire ce que nous appelons le bien. Ils y ont résisté précisément parce que c'était une tentation.

Oui. Vous avez déjà évoqué précédemment le fait que notre conception du mal ou du bien, telle qu'elle a été formulée dans notre aire culturelle sur le plan religieux, philosophique et littéraire, n'englobe pas le type d'Eichmann. L'une des thèses de votre livre – elle apparaît dès le sous titre – concerne la « banalité du mal ». De nombreux malentendus lui sont associés.

Oui, voyez-vous, ces malentendus sont vraiment au cœur de toute la polémique, ils font partie de ce petit nombre de malentendus qui sont authentiques. Cela signifie qu'à mon avis ces malentendus auraient de toute façon existé, quoi qu'il arrive. Cela a d'une certaine manière beaucoup choqué, et je le comprends fort bien, car j'en étais moi-même très choquée. Pour moi aussi, il s'agissait là de quelque chose à quoi je n'étais vraiment pas préparée.

Or, l'un des malentendus est le suivant : on a cru que ce qui est banal est également quelque chose qui se produit dans la vie de tous les jours (*alltäglich*). Et je pensais… Ce n'est pas ce que j'ai voulu dire. Je n'ai absolument pas voulu dire : il y a un Eichmann en chacun de nous, chacun de nous porte en lui un Eichmann ou le diable sait quoi. Rien de tel ! Je peux fort bien me représenter une situation où je parle avec quelqu'un [qui] me dit quelque chose que je n'ai jamais entendu auparavant, quelque chose qui n'appartient nullement au registre de la vie quotidienne. Et je dis alors : « C'est extrêmement banal*. » Ou bien :

* Hannah Arendt revient souvent sur ce malentendu, « authentique » à ses yeux, auquel donne lieu l'emploi des termes de « banal » et de « banalité » pour qualifier le mal dont Eichmann se serait rendu coupable à ses yeux. Voir notamment ses « Réponses aux questions posées par Samuel Grafton » in *Écrits juifs, op. cit.*, p. 659-660 : « Vous faites de "banal" un synonyme d'"ordinaire" et il est vrai que les dictionnaires sont de votre côté. Mais il y a une différence très importante à mes yeux : ce qui est ordinaire est ce qui se produit fréquemment, couramment, mais quelque chose peut être banal même s'il n'est pas courant. »

« C'est médiocre. » C'est en ce sens-là que j'ai voulu dire que c'était banal.

La banalité était un phénomène qu'on ne pouvait pas ne pas voir. Le phénomène s'est exprimé pour ainsi dire sous la forme de clichés et de manières de parler fantastiques dont la résonance nous a en permanence frappés. Je vais vous dire ce que j'entends par banalité, car une histoire que Jünger a racontée un jour et que j'avais oubliée[9] m'est revenue à l'esprit à Jérusalem.

Pendant la guerre Ernst Jünger s'est rendu chez des paysans de Poméranie ou de Mecklembourg – non, je crois que c'était en Poméranie (il raconte cette histoire dans *Rayonnement* [ses *Journaux de guerre*]), et le paysan avait reçu des prisonniers de guerre russes qui sortaient tout droit des camps et qui étaient bien sûr absolument affamés – vous savez comment on traitait les prisonniers russes là-bas. Et le paysan dit à Jünger : « On voit bien que ce sont des sous-hommes – ils se comportent comme du bétail ! Il n'y a qu'à voir : ils prennent la pâtée des chiens pour la bouffer. » Jünger remarque à propos de cette histoire : « Il semble parfois que le peuple allemand soit monté par le diable. » Il ne voulait pas dire par là démoniaque. Voyez-vous, cette histoire est d'une bêtise révoltante. Je veux dire : l'histoire est bête pour ainsi dire. L'homme ne voit pas que ceux qui se comportent de cette manière sont affamés, n'est-ce pas, et que chacun peut en faire autant. Mais cette bêtise a quelque chose de vraiment révoltant... Eichmann était tout à fait intelligent, mais il avait cette bêtise en partage. C'est cette bêtise qui était si révoltante. Et c'est précisément ce que j'ai voulu dire par le terme de banalité. Il n'y a là aucune profondeur, rien de démoniaque ! Il s'agit simplement du refus de se représenter ce qu'il en est véritablement de l'autre, comprenez-vous ?

Diriez-vous qu'Eichmann, mais également Höss[10] *sont des phénomènes typiquement allemands ? Vous avez cité tout à l'heure le nom de Kant, et Eichmann lui-même s'est occasionnellement réclamé de Kant au cours du procès. Il aurait prétendu avoir suivi tout au long de sa vie les préceptes de la morale kantienne et avoir fait du concept de devoir kantien son principe directeur*[11].

Oui. Quelle impudence, de la part de monsieur Eichmann, n'est-ce pas ? Toute la morale de Kant repose pourtant sur le fait qu'en entreprenant n'importe quelle action chaque homme doit réfléchir pour savoir si la maxime de son action peut devenir une loi universelle. Ce qui signifie… C'est justement pour ainsi dire l'inverse absolu de l'obéissance ! Chacun est législateur. Aucun homme d'après Kant n'a le droit d'obéir. La seule chose qu'Eichmann ait reprise de Kant, c'est cette fâcheuse histoire d'inclination (*Neigung*), laquelle est malheureusement aussi fort répandue en Allemagne. Ce curieux concept du devoir en Allemagne… Je vais vous dire la chose suivante : voyez-vous, Hitler – ou d'autres sadiques du même acabit comme ce Boger[12] dans le procès Auschwitz – était probablement simplement un meurtrier avec des instincts meurtriers. Ces gens ne sont pas typiquement allemands selon moi.

Je ne pense pas que le peuple allemand soit particulièrement brutal. Je ne crois pas à un tel caractère national…

Il n'empêche que l'histoire de Jünger que je racontais est quant à elle typiquement allemande. C'est-à-dire cette incapacité, comme dit Kant, pour le prendre au pied de la lettre, « de penser à la place de tout autre être humain[13] » oui, cette incapacité... Cette sorte de bêtise, comme si on parlait à un mur. On n'obtient jamais de réaction parce qu'en effet on n'entre absolument pas dans les vues de l'autre : ça, c'est allemand. La seconde chose qui me paraît typiquement allemande, c'est cette idéalisation pour ainsi dire folle de l'obéissance. Nous obéissons en ce sens aussi longtemps que nous sommes enfants, c'est nécessaire. Mais cela doit prendre fin au plus tard aux alentours de quatorze-quinze ans.

Ne croyez-vous pas que, derrière le fait d'invoquer le « serment », l'« ordre », l'« obéissance », se dissimule davantage qu'une échappatoire ? Eichmann s'est toujours senti appelé. Il a rappelé qu'on lui avait très tôt appris à obéir, et il a posé la question suivante : « Qu'est-ce que la désobéissance m'aurait apportée ? De quel point de vue m'aurait-elle été utile ? » Et il a ensuite expliqué que, lorsqu'en mai 1945 plus aucun ordre ne lui parvenait, l'atmosphère d'effondrement du monde s'était soudain abattue sur lui[14].

Une existence privée de chef !

Le problème de l'obéissance apparaît vraiment comme le leitmotiv tout au long de sa vie – on peut également le vérifier dans les actes du procès où il réapparaît constamment. Il s'agit vraiment d'un mensonge de survie qui revient comme un leitmotiv.

Oui, ce mensonge de survie est bien sûr partout présent. Mais, vous savez, il n'a pas été le seul à invoquer tout cela, n'est-ce pas ? À invoquer l'« ordre », le « serment », « Dieu », le « devoir d'obéissance » et le fait que l'« obéissance est une vertu ». En outre, Eichmann a également parlé d'« obéissance aveugle » (*Kadavergehorsam*). À Jérusalem il s'est complètement embrouillé et il a dit tout à coup qu'il s'agissait d'une obéissance aveugle, et non pas du bien, etc.[15], n'est-ce pas ? Eh bien, cela s'agite continuellement dans les têtes. À vrai dire le fait de se réclamer du « serment » et le fait d'être déchargé de toute responsabilité, etc., n'est pas exclusivement le fait d'Eichmann, j'ai [également trouvé] cela dans les actes des procès de Nuremberg – il s'agit là à nouveau d'une bêtise révoltante. Voyez-vous, Eichmann a suscité des accès de fureur – de même que les autres – et il a dit : « On nous avait pourtant promis qu'on ne nous demanderait pas de rendre compte de notre responsabilité. Et ne voilà-t-il pas que tout retombe sur notre dos, pas vrai ? Et non pas sur les gradés ? Ce sont ceux-là qui se sont soustraits – comme toujours – à leur responsabilité[16]. » Or vous savez comment ils se sont soustraits à leur responsabilité : soit en se suicidant, soit du fait qu'ils ont été pendus. Ne pas voir cela, lorsqu'on dit quelque chose de tel, c'est grotesque. Cette affaire est tout simplement comique ! De fait, ils se sont… ils ne font plus partie des vivants ! Si tu n'es pas parvenu à te représenter cela, le fait que tout cela ne vaut qu'aussi longtemps qu'on est en vie, alors on ne peut vraiment rien pour toi.

Mais dans quelle mesure n'a-t-on pas affaire ici à un problème plus profond ? Dans quelle mesure peut-on exiger que des hommes qui vivent dans des conditions totalitaires rendent vraiment des comptes ? Et cela ne vaut pas uniquement pour le type de criminel qu'incarnait Eichmann, mais tout aussi bien pour les Conseils juifs de l'autre côté.

J'y viendrai dans un instant. Voyez-vous, il s'agit d'un phénomène extrêmement étonnant : aucun de ces criminels ne s'est repenti. Si, Frank[17] l'a fait ; apparemment Heydrich[18] peut-être sur son lit de mort, a-t-on dit ; Ley[19]...

Oui, en ce qui concerne Frank, je dirais qu'il s'agissait d'un remords purement dicté par l'humeur. Il s'est d'ailleurs rétracté dans les derniers mots qu'il a prononcés devant le tribunal[20].

C'est vrai !

C'était un sentiment très ambivalent.

C'est bien ce qui m'autorise à dire : « Personne n'a éprouvé de remords. »

Au fond, on ne peut en tout cas le prouver pour aucun d'entre eux.

Et, comme chacun sait, Eichmann a dit : « Le remords c'est bon pour les petits enfants[21]. » Personne n'a éprouvé de remords. D'un autre côté, il faut toutefois penser que lorsque personne n'éprouve de remords il devrait au moins pouvoir se trouver quelqu'un qui réponde et qui dise :

« Oui, effectivement nous avons fait cela, pour telle et telle raison, et je suis toujours de cet avis. Nous avons perdu. Que nous ayons gagné ou perdu ne change rien à l'affaire elle-même. » Et, de fait, l'affaire s'est écroulée comme un tas d'ordures trempé. Et il ne s'est trouvé personne pour répondre. Aucun n'a défendu quoi que ce soit. Et il me semble que c'est tout à fait décisif en ce qui concerne le phénomène que vous avez abordé tout à l'heure, celui de l'obéissance. Cela signifie en fait qu'on a simplement voulu participer, qu'on était disposé à participer à tout. Lorsqu'on dit à quelqu'un : « Tu n'es des nôtres que si tu participes au meurtre », il répond d'accord. Si on lui dit : « Tu n'es des nôtres que si tu ne tues pas », il répond aussi d'accord. N'est-ce pas vrai ? C'est comme cela que je vois les choses.

Cela va même si loin qu'Eichmann a expliqué, lorsqu'il a été fait prisonnier par les Américains, qu'il était heureux de pouvoir à nouveau se soumettre à une direction. Et sa bonne volonté caractéristique à raconter tout ce qu'il savait devant le tribunal ou plutôt dès l'interrogatoire, voire au cours du pré-interrogatoire[22]*, doit probablement être interprétée de manière analogue à sa bonne volonté de faire preuve d'une obéissance absolue jusqu'aux limites du possible à l'autorité de l'époque, une volonté de se soumettre à toute autorité.*

C'est fantastique. Il s'est senti transporté au ciel à Jérusalem. C'est indubitable, vous ne croyez pas ? Le supérieur était justement incarné par Landau[23], c'est ce qui apparaît tout à fait clairement ; ensuite venaient différents autres grades de la hiérarchie jusqu'au capitaine de police Less[24] qu'il utilisait comme confesseur, comme l'a dit à juste titre monsieur Mulisch[25]. Voici ce qu'il a dit : « Capitaine, je me livrerai entièrement. » Il voulait naturellement aussi passer pour un grand, quand même raconter sa vie. Et si nous revenions à la question de la responsabilité ?

Oui, faites donc.

Voyez-vous, lorsque nous convoquons les gens au tribunal, nous attendons d'eux qu'ils soient responsables. Et nous en avons le droit juridiquement parlant... Nous en avons le droit, car l'autre terme de l'alternative n'est pas le martyre. Il y avait, d'un côté comme de l'autre, une alternative, cela s'appelait ne pas participer, juger par soi-même... Cela suppose de ne pas dire Nous, mais de dire Je, de juger par soi-même : « Je vous en prie..., je ne participe pas à cela. Je ne mets pas ma vie en jeu, je tente d'échapper, je cherche comment atteindre l'autre bord. » Ne croyez-vous pas ? « Mais je ne participe pas. Et à supposer que je sois contraint de participer, je me suiciderai. » Cette possibilité existait. Cela supposait de ne pas dire Nous, de dire Je, autrement dit de juger par soi-même. Et ce jugement par soi-même était partout présent, dans toutes les couches de la population : aussi bien chez ceux qui étaient croyants que chez les non-croyants, chez les gens âgés comme chez les jeunes, chez les gens instruits comme chez les gens simples, chez les aristocrates comme chez les bourgeois, mais aussi chez beaucoup d'ouvriers, chez un nombre étonnant d'ouvriers, et surtout à Berlin comme j'ai moi-même pu le constater.

Ceux qui ont participé se sont partout justifiés de la même manière, comme on voit. Ils ont toujours dit : « Nous sommes demeurés en place uniquement afin que les choses ne puissent pas empirer. » Vous êtes bien d'accord ? Or, il faut vraiment en finir une fois pour toutes avec cette justification : ça ne pouvait pas empirer.

Lors du procès de Nuremberg, l'accusation américaine en la personne du juge Jackson s'est expliquée à ce sujet de manière très significative et pertinente. Se référant à Schacht et à Papen[26], *il a dit* : « *Lorsque nous demandons à ces gens là pourquoi ils ont participé aussi longtemps, ils répondent qu'ils voulaient éviter quelque chose de pire. Et, lorsque nous leur demandons pourquoi il est arrivé quelque chose d'aussi grave, ils répondent qu'ils ne disposaient d'aucun pouvoir*[27]. » *Ici tout s'effondre effectivement et l'apologie devient pur bavardage.*

Oui. Et en cela ils furent également des « fonctionnaires ».

C'est tout à fait exact.

Avec des scrupules, il s'agissait de fonctionnaires qui avaient des scrupules. Mais les scrupules n'ont pas suffi à leur faire comprendre qu'il y a une limite au-delà de laquelle l'homme cesse de fonctionner. Et s'ils s'étaient retirés et s'ils avaient dit : « Mais, au nom de Dieu, laisse quelqu'un d'autre se charger du sale boulot ! », ils seraient alors subitement redevenus des hommes, ils auraient cessé d'être des fonctionnaires.

C'est juste. Pourtant j'aimerais encore une fois poser la question de savoir quelles sont les possibilités sous un régime totalitaire ou sous un système totalitaire de ne pas être coupable. Beaucoup de gens ne sont pas des héros et on ne peut pas exiger d'eux qu'ils soient des héros [...]. Et ils ne sont pas non plus des criminels, ils ne sont parfois que des complices.

Oui. Savez-vous, le fait d'être au courant est quelque chose d'effrayant. Ce qui est décisif à ce sujet, c'est le fait qu'on était coupable de voir les choses, c'est-à-dire que beaucoup de gens se sont laissé prendre au piège même s'ils n'étaient pas eux-mêmes compagnons de route ni même directement impliqués... Je crois que Jaspers a dit quelque chose de décisif sur la complicité. Il a dit : « Que nous soyons en vie fait de nous des coupables. » C'est bien vrai, « nous ne pouvions survivre que si nous tenions notre langue ». Mais, voyez-vous, entre le fait d'être complice et l'acte, entre l'homme qui voit et qui se détourne, et l'homme qui agit, il y a toutefois un gouffre [...]. Par conséquent, lorsque celui qui n'a rien fait mais qui s'est détourné dit : « Nous sommes tous coupables », il a ce faisant, et c'est ainsi que cela s'est passé en Allemagne, couvert celui qui a provoqué des crimes. Et c'est la raison pour laquelle il ne faut pas généraliser cette culpabilité parce qu'on ne fait alors rien d'autre que couvrir les vrais coupables. J'ai encore quelque chose à dire à ce sujet si vous le permettez.

Faites, je vous en prie.

Il faut bien se rendre compte que le phénomène de l'impuissance existe dans des conditions totalitaires, mais il faut aussi se rendre compte que dans les conditions de l'impuissance absolue il existe encore des comportements possibles. Autrement dit, cela ne signifie pas que l'on doit absolument devenir à son tour un criminel. Le phénomène de l'impuissance est prépondérant, et tous ces hommes étaient effectivement dans cette situation de l'impuissance. Ils étaient absolument impuissants. Il n'y avait aucune possibilité de résister parce qu'ils étaient tous isolés, parce qu'ils ne trouvaient leur place nulle part, parce qu'ils ne pouvaient pas se réunir à dix et se fier les uns aux autres.

Diriez-vous, madame Arendt, que, compte tenu de cette situation, on puisse encore s'en sortir avec ce vieux principe simple : mieux vaut subir l'injustice que commettre l'injustice ?

Voyez-vous, ce principe vient de Socrate[28]. C'est-à-dire, en ce qui concerne notre contexte, qu'il a été formulé avant que les commandements religieux de l'humanité chrétienne occidentale ne soient devenus déterminants par l'intermédiaire des Juifs. Ce que Socrate a toujours immédiatement réaffirmé, et Platon également, c'est que personne ne peut démontrer ce principe. Cela signifie que pour les uns il est d'une évidence absolue, et qu'ils ne peuvent pas démontrer aux autres qu'ils doivent agir de cette façon. Quelle est donc la raison de ceux pour lesquels il est absolument évident ?

Il existe un autre principe de Socrate qui, à mon avis, en fournit la raison. C'est le suivant : « Mieux vaut être en désaccord avec le monde entier qu'avec moi-même, car je suis un. » En effet, lorsque je ne suis pas en accord avec moi-même, un conflit insurmontable surgit. Il s'agit du principe de contradiction en morale, et il est encore normatif pour l'impératif catégorique [chez Kant]. Ce principe présuppose que je vis effectivement avec moi-même, c'est-à-dire que je suis deux-en-un, et que je peux ainsi dire : « Je ne veux pas faire ceci ou cela. » Car je ne veux pas vivre avec quelqu'un qui a fait cela. Et si j'avais fait ceci ou cela il n'y aurait alors pas d'autre issue pour moi que le suicide ou, pour le dire dans des catégories chrétiennes, que le retournement et le remords.

Or, vivre en compagnie de soi-même signifie bien sûr parler avec soi-même. Parler avec soi-même, c'est déjà, au fond, la pensée. Et à vrai dire une sorte de pensée qui n'est pas technique, une pensée dont tout un chacun est capable. Par conséquent, le présupposé du principe est le suivant : je dois me tenir compagnie. Et il peut y avoir des situations dans lesquelles je suis tellement en désaccord avec le monde que je ne peux que retomber sur ma propre compagnie – et peut-être encore celle d'un ami, c'est-à-dire l'autre moi, comme l'a dit si joliment un jour Aristote : *autos allos*[29]. Voilà en quoi consiste selon moi la situation de l'impuissance. Et ceux qui se sont sortis de cette affaire sans rien commettre étaient ceux qui avaient admis qu'ils étaient impuissants et qui s'en sont tenus à ce principe, le principe de celui qui pense dans l'impuissance.

Revenons une fois de plus à Eichmann et au rôle qu'a joué d'une manière générale la bureaucratie dans le meurtre de masse. Que signifie au juste pour l'individu le fait d'être immergé dans un appareil bureaucratique ? Et dans quelle mesure la conscience de l'injustice s'évanouit-elle dans la voie hiérarchique ? Se peut-il que les compétences seulement *partielles qui sont celles de tout un chacun occultent parfois la possibilité du discernement moral ? Eichmann a dit : « Je m'asseyais à mon bureau et je vaquais à mes affaires. » Et l'ex-Gauleiter* de Dantzig a expliqué que son âme officielle avait toujours été en adéquation avec ce qu'il faisait, contrairement à sa conscience privée qui s'y opposait*[30].

Oui, il s'agit là de ce qu'on a appelé l'émigration intérieure chez les meurtriers, par où on élimine complètement le concept d'émigration intérieure ou de résistance intérieure. À mon sens cela n'existe justement pas[31]. Il n'y a de résistance qu'extérieure, intérieurement, il n'y a tout au plus qu'une *reservatio mentalis*, n'est-ce pas ? Il ne s'agit là que de mensonges de survie qui sont compréhensibles et assez répugnants. La bureaucratie, c'est-à-dire l'administration du meurtre de masse, crée naturellement, comme toute bureaucratie, un anonymat : la personne est effacée. Dès que l'individu concerné comparaît devant le tribunal, il redevient un homme. Et c'est proprement cela qui est formidable dans la procédure judiciaire, vous n'êtes pas de mon avis ? Il se passe là une véritable métamorphose. Car lorsque l'accusé dit : « Je n'étais qu'un bureaucrate », le juge peut alors répliquer : « Toi, écoute-moi bien, si c'était le cas, tu ne serais pas là. Tu es précisément là parce que tu es un homme et parce que tu as commis des choses bien précises. » Et cette métamorphose a quelque chose de formidable.

Mis à part le fait que la bureaucratie est par essence anonyme, toute action qui s'exerce sans relâche entraîne

* Le chef de région. Cette fonction fut créée en 1925, lorsque le parti nazi fut réorganisé après le putsch de Munich.

une dilution de la responsabilité. Il existe en anglais une formule idiomatique : « *stop and think* » – arrête-toi et réfléchis. Aucun homme ne peut réfléchir sans s'arrêter. Si vous contraignez quelqu'un à une activité sans relâche, ou s'il se laisse contraindre, c'est toujours la même histoire. Vous aurez toujours affaire à la même chose, à savoir que la conscience de la responsabilité ne peut pas se former. Elle ne peut se former qu'au moment où l'on réfléchit – non pas sur soi-même, mais sur ce qu'on fait.

Interrogeons-nous brièvement sur les conséquences juridiques qui découlent de toute cette configuration. Avant tout la question qui est en rapport avec ce dont nous avons déjà discuté : est-ce que le type d'homme qu'était Eichmann correspond encore au concept traditionnel de meurtrier ? N'incarne-t-il pas davantage une fonction dans un appareil de meurtre qu'il n'est un véritable meurtrier ? Et la responsabilité partielle qui était la sienne fonde-t-elle la culpabilité indivise ?

Nous avons déjà parlé du meurtre dépourvu de mobiles, c'est-à-dire des mobiles meurtriers que nous connaissons : la passion, les intérêts... Ou bien celui qui agit par conviction, qui représente une figure intermédiaire. Rien de tout cela ne correspond ! En ce sens, les concepts qui nous ont été transmis par la tradition ne nous fournissent donc aucune prise. Je dirais que cette façon de tuer, à partir de sa table de travail ou en masse..., c'est bien sûr un type d'homme incomparablement plus affreux que n'importe quel meurtrier, du fait qu'il n'a plus aucun lien avec sa victime. En fait, il tue comme s'il s'agissait de mouches.

La responsabilité partielle n'a naturellement jamais constitué une raison pour la culpabilité partagée. On n'a pas mandaté Eichmann pour tuer parce qu'il n'y était pas apte. Mais il n'en faisait pas moins partie du processus meurtrier ! Peu importe qui fait ceci ou cela. Voici ce que je veux dire. Lorsque je dis : « Ce n'est pas un meurtrier typique », je ne veux pas dire par là qu'il était meilleur, mais ce que je veux dire, c'est qu'il est infiniment pire bien qu'il [n'ait] pas – ce que nous appelons – des « instincts meurtriers ». Il s'est laissé glisser dans toute cette affaire. Mais je peux me représenter des meurtriers qui me soient beaucoup plus sympathiques que monsieur Eichmann, si je puis m'exprimer ainsi.

Je crois que le tribunal de Jérusalem a déjà répondu de façon définitive lorsqu'il a expliqué que ce crime n'était pas seulement un crime de masse en ce qui concerne la victime, mais également en ce qui concerne celui qui en est l'auteur. Permettez-moi ici de citer : « La plus ou moins grande distance [...] par rapport à celui qui tuait effectivement la victime ne [peut] avoir absolument aucune influence sur le degré de responsabilité... Au contraire, en général le degré de responsabilité augmente à mesure qu'on s'éloigne de l'homme qui manie l'arme du crime[32]. »

Oui, c'est tout à fait vrai. J'ai moi-même utilisé la même citation. Elle provient de la conclusion du jugement. Je partage absolument cet avis.

Il s'agit pourtant de savoir si les normes de droit en vigueur peuvent encore appréhender ce dont on doit répondre ici. Le pensez-vous ?

Les codes juridiques ne nous ont pas préparés au meurtre de masse administratif, et nous ne sommes pas non plus préparés à ce genre de criminels. Peut-on cependant encore exercer la justice ? Pour le dire autrement : en appliquant les codes juridiques, la réponse est négative, mais *de facto* la réponse est-elle positive ? Tout en regimbant tant qu'ils pouvaient, les juges du monde entier l'ont reconnu – en vérité ils ont jugé librement. [...]

La justice a deux objectifs : elle doit tout d'abord restaurer l'ordre qui a été troublé. Il s'agit là d'un processus de guérison qui ne peut s'effectuer que si les fauteurs de trouble, en l'occurrence ces hommes, sont jugés. Et la seconde chose, en ce qui nous concerne, nous autres juifs, est me semble-t-il... On trouve chez Grotius une sentence que les juges citent mais qu'ils ne respectent malheureusement pas beaucoup selon laquelle « le châtiment est nécessaire afin de défendre l'honneur et la dignité de celui qui a été lésé ou blessé[33] ». Cela n'a rien à voir avec la souffrance endurée ni non plus avec la réparation. Il s'agit vraiment d'une question d'honneur et de dignité. Voyez-vous, pour nous autres juifs, c'est là une question décisive lorsque nous nous trouvons en Allemagne. Si le peuple allemand croit qu'il peut vivre tranquillement avec les meurtriers parmi lui, cela va à l'encontre de l'honneur et de la dignité des Juifs.

Revenons à votre livre, madame Arendt. Vous avez attiré l'attention sur le fait que le procès Eichmann avait révélé le complet effondrement moral au cœur de l'Europe, tant du côté des persécuteurs que du côté des persécutés, et ce dans tous les pays[34]. La réaction à votre livre qui se compose d'une dénégation de cet effondrement, d'une part, et d'un aveu de totale culpabilité, d'autre part, n'atteste-t-elle pas précisément ce que vous avez essayé de démontrer ? Et je pourrais même ajouter cette question : quelle réaction attendiez-vous ?

Eh bien, la réaction à mon livre m'a naturellement… constitue naturellement pour moi une preuve par l'exemple – mais après coup, pas au sens où je l'aurais attendue. Je vais vous donner un exemple : j'ai enduré à plusieurs reprises… ce livre a été lu alors qu'il n'était encore qu'un manuscrit par un grand nombre de personnes (ce qui n'est pas dans mes habitudes), et parmi ces personnes qui l'ont lu à l'état de manuscrit, la moitié au moins était des Juifs[35], peut-être plus. Aucune d'entre elles n'a jamais eu – ne fût-ce qu'à mots couverts ! – cette réaction qui s'est produite par la suite. Mais il y a plus : parmi ces personnes il se trouve que certaines sont des amis que je connais bien. Et l'un d'entre eux a par exemple… pas seulement un seul, mais plusieurs Juifs ont lu le livre à l'état de manuscrit et ont été enthousiasmés, n'est-ce pas ? Puis la campagne a commencé, et ceux-là mêmes ont complètement oublié qu'ils avaient lu le livre auparavant. Si vous voulez creuser le phénomène – voyez-vous, il s'agit encore d'un autre phénomène –, alors il vous faut lire *Les Fruits d'or* de Nathalie Sarraute, qui a exposé cela à la manière d'une comédie[36]. Car il s'agit bien d'une comédie, la comédie de l'*intelligentsia*, n'est-ce pas ?, où ces humeurs circulent, naturellement influencées par… Et plus d'hommes qu'on le pense d'ordinaire sont soumis à ces influences. N'est-ce pas le cas ? Et cela n'a rien à voir non plus avec l'intelligence. On peut être très intelligent et se comporter néanmoins de cette façon.

Vous parlez de la campagne. La résistance à certains points exposés dans votre livre a plusieurs motivations, parmi lesquelles la suivante, qu'on pourrait exprimer en ces termes : mériter le respect. D'où la question : doit-on dire la vérité même lorsqu'on se trouve en conflit, d'un côté avec des intérêts légitimes bien précis, et de l'autre avec des sentiments ?

Voyez-vous, vous posez là la seule question qui m'ait intéressée au cours de la controverse.

Je ne crois pas avoir blessé des intérêts légitimes – légitimes ! Supposons cependant qu'il s'agisse là d'un point litigieux, et que je les aie effectivement blessés. Aurais-je dû le faire ? Eh bien, je crois que c'est là la tâche des historiens que d'être les gardiens des vérités des faits, mais que cette tâche est également celle [des] gens qui font partie de leur époque et qui sont indépendants, n'est-ce pas ? Nous avons déjà vu ce qui se passe lorsque ces gardiens sont refoulés par la société, lorsqu'on les repousse dans un coin, lorsque l'État les envoie au poteau, par exemple en Russie où on assiste tous les cinq ans à l'écriture d'une nouvelle histoire. Est-ce que l'État ou la société dont les intérêts légitimes peuvent entrer en conflit avec la vérité ont néanmoins encore un intérêt – par principe – vis-à-vis de ces gardiens de la vérité des faits ? Je répondrai par l'affirmative. Ce à quoi nous allons maintenant assister, c'est à la publication sur le marché de toute une série de descriptions apologétiques, simplement pour couvrir ces quelques vérités, qui ne se trouvent que de façon marginale dans ce livre. Elles n'y parviendront pas, parce que ces choses-là ne marchent jamais.

Mais il y a quelque chose d'autre : il y a également des sentiments légitimes. Et il ne fait aucun doute que j'ai blessé des gens. Et cela m'est d'une certaine manière plus désagréable de blesser des gens que de me mettre en travers des intérêts des organisations, vous comprenez ? Je dois dire que je prends cela au sérieux, alors que la seconde chose est une question de principe. Or j'ai blessé ces sentiments légitimes, essentiellement à cause de mon style, et à ce sujet je ne peux pas dire grand-chose. Voyez-vous, je pense que le seul sentiment légitime en l'occurrence est le profond regret. C'est le seul sentiment ! Et non pas le fait de s'encenser soi-même ! Peu de gens comprennent cela. Je n'y peux rien. Je pense en outre qu'il n'est pas nécessaire d'aborder ce sujet de manière pathétique, parce que ce faisant on le minimise. Mais tout ceci… Je continue à penser qu'on doit pouvoir rire, parce que c'est en cela que consiste la souveraineté, et que toutes ces objections contre l'ironie me sont d'une certaine manière très désagréables, au sens du goût, c'est un fait. Mais il ne s'agit là que de questions de personne. Je déplais manifestement à beaucoup de gens. Je n'y peux rien. Que devrais-je y faire ? Ils ne peuvent pas me souffrir. Car le style, dans lequel c'est la personne qui s'exprime, c'est en effet ce qu'on ne connaît pas soi-même.

Une dernière question pour conclure, madame Arendt. On a beaucoup déconseillé de publier « Eichmann in Jerusalem » en Allemagne. On a invoqué les « effets négatifs sur la conscience publique[37] *». En quoi pourraient consister ces effets négatifs ?*

Les organisations juives ont manifestement un étrange souci : elles croient qu'on peut mésuser de mes arguments. [Elles pensent que] les antisémites diraient : « Vous voyez bien, les Juifs eux-mêmes étaient coupables. » En tout cas c'est ce qu'elles ont dit. Mais, si on lit mon livre, les antisémites ne peuvent absolument rien en tirer. Beaucoup de gens pensent que le peuple allemand n'est pas encore mûr. Eh bien, si le peuple allemand n'est pas encore mûr, il va nous falloir attendre le jour du Jugement dernier.

« Nous avons beaucoup de sujets à discuter… »

Lettres de 1964 à 1973

Note des éditeurs

Les dix-sept lettres reproduites ici (p. 73-118) proviennent exclusivement du Fonds Hannah Arendt. Leur provenance est précisée dans l'appareil critique dans la première des notes concernant chaque lettre. < L'orthographe des lettres n'a pas été modifiée. >

(1) Joachim Fest à Hannah Arendt, 10 août 1964.

Hambourg-Kleinflottbek, le 10 août 1964

Chère Madame Arendt,

À peine ai-je terminé un travail qui m'a longtemps accaparé que me voici contraint à l'improviste d'entreprendre un voyage dès demain. Il ne me reste donc malheureusement que peu de temps pour vous écrire. Laissez-moi tout d'abord vous dire combien votre jugement élogieux concernant mon livre, qui, comme vous l'avez sûrement noté, doit énormément à vos propres travaux[1], m'a fait plaisir. Compte tenu de ces liens objectifs que nous avons déjà depuis quelques années, je suis également tout particulièrement heureux d'avoir l'occasion de pouvoir m'entretenir avec vous à propos de votre tout dernier livre[2]. Comme m'en a informé monsieur Piper, vous souhaitez si possible recevoir le plus tôt possible les questions que je vous poserai à cette occasion. Je ne suis pas en mesure de le faire aujourd'hui, et j'espère que vous le comprendrez. Je viens juste de recevoir les épreuves de votre livre que je ne connaissais jusqu'à présent que dans la version anglaise. Je souhaiterais le relire en vue de notre entretien, de même que certaines critiques, en particulier celle de Golo Mann[3], qui est devenue de notoriété publique dans ce pays, et que l'on peut considérer comme l'exposé le plus argumenté du point de vue de l'extrême désapprobation. Je pense donc qu'il s'impose tout particulièrement que vous trouviez l'occasion d'y répondre au cours de notre entretien.

Je prendrai mes vacances d'ici quelques semaines, chère Madame, et je consacrerai exclusivement les premiers jours à la préparation de notre entretien. Je pense par conséquent être en mesure de vous envoyer une première ébauche du canevas auquel j'aurais songé d'ici environ deux semaines. Il nous faudra ensuite essayer d'éclaircir et de définir tout le reste au fil de la préparation immédiate. Le mieux, me semble-t-il, serait que nous puissions nous dégager de toute obligation le jour précédant l'enregistrement à la radio[4] et que nous le consacrions à nous accorder. À supposer que vous soyez d'accord avec moi sur ce point, il serait bon que vous puissiez d'ores et déjà prendre vos dispositions. Étant donné que monsieur Krüger de la Südwestfunk[5] tient beaucoup – pour des raisons tout à fait évidentes – à ce que l'émission soit enregistrée à Baden-Baden même, il me semble tout à fait opportun que nous nous y rendions ensemble en partant de Francfort la veille, afin de nous concerter de manière détaillée, à l'écart du tumulte de la Foire. Je serai moi-même à Francfort du 17 au 23 septembre et je me tiendrai à votre disposition durant cette période. Je vous serai très reconnaissant, chère Madame Arendt, de bien vouloir me répondre brièvement, afin de savoir si vous partagez mes vues.

Dans l'attente de la réussite de notre projet, sincèrement vôtre,
Joachim C. Fest

P.-S. : À partir du 18 août mon adresse sera la suivante : J. C. Fest, 2285 Kampen (Sylt), aux bons soins de Marie von Drathen.

(2) Hannah Arendt à Joachim Fest, 13 août 1964.

[New York], le 13 août 1964

Cher Monsieur Fest,
Je vous remercie pour votre lettre que je viens de recevoir. Je vous écris rapidement afin que ma lettre vous trouve encore à Hambourg, à vrai dire pour vous informer que je suis entièrement d'accord avec vous. J'ai déjà écrit à monsieur Piper que je préférerais que vous m'envoyiez vos questions début septembre à Bâle (aux bons soins du professeur Jaspers, Austrasse 126), où j'arriverai vraisemblablement vers le 3[6]. Cela vous laisse donc largement le temps. À supposer que mes projets de voyage soient modifiés, ce qui reste toujours possible, je vous en informerais en temps opportun.

Tout vaut évidemment mieux que le tumulte de Francfort. Si j'ai bien compris Piper, je dois y « affronter la presse[7] » – encore qu'il ait utilisé une expression plus élégante – le 17. Cela nous laisserait le temps de fixer l'entretien au 19 ou – ce qui serait peut-être préférable – au 20, car je dois auparavant m'exprimer sur le même sujet à

Munich[8] !, et de voyager confortablement tous les deux la veille.

Vous savez combien votre livre[9] m'a plu. Je me réjouis donc de vous connaître et de m'entretenir avec vous, encore que l'aspect artificiel de cet entretien me fasse toujours un peu peur. Mais d'une manière ou d'une autre il aura bien lieu.

Vous parlez de la critique de Golo Mann. Je vais la relire car je ne l'ai que rapidement survolée[10]. On ne peut pas vraiment débattre sur ce genre de choses. Que doit-on faire au juste contre la méchanceté pure et sans fondement ? (Auden, qui est le beau-frère de Golo Mann[11], m'a dit qu'il ne parlerait plus jamais avec lui. Cela afin de vous assurer qu'il ne s'agit pas ici de la réaction de l'auteure offensée. Sur le plan personnel, tout cela m'est parfaitement indifférent, car je le connais à peine et je n'apprécie pas outre mesure ce qu'il écrit.) Mais nous aurons bientôt l'occasion de nous entretenir de ce sujet ainsi que de bien d'autres.

D'ici là, je vous souhaite de bonnes vacances et vous adresse mes salutations amicales,

Votre [Hannah Arendt]

(3) Joachim Fest à Hannah Arendt, 28 août 1964.

Kampen/Sylt, le 28 août 1964

Chère Madame Arendt,

Je vous adresse comme convenu un projet des questions que j'ai l'intention de vous poser au cours de notre entretien. Comme je vous l'ai écrit, j'avais tout d'abord commencé à préparer une simple ébauche, mais en y travaillant je me suis écarté du sujet. Il est désormais conçu de manière très détaillée. N'ayez par conséquent aucune crainte quant à l'étendue de l'enregistrement. Les questions sont inévitablement devenues un peu longues. Elles anticipent même parfois aussi en partie votre réponse. La raison en est bien sûr pour l'essentiel que je devais à chaque fois réfléchir en même temps à votre réponse ou plutôt tenir compte du champ thématique que couvre votre réponse. Il va sans dire que nous pouvons encore apporter autant de corrections que vous le souhaitez. Si vous étiez d'accord dans l'ensemble et que vous éprouviez le besoin de rédiger vos réponses (au moins partiellement, ce qui est tout à fait recommandé), il serait bon que vous teniez compte à la fin de votre réponse de l'enchaînement avec la question suivante.

Dans l'ensemble, les questions offrent, me semble-t-il, l'occasion de parer à toutes les objections auxquelles on peut s'attendre et qui se sont déjà partiellement exprimées dans ce pays. Ce qui peut-être ne convient pas tout à fait, c'est l'étendue de la liste des questions (par exemple la leçon pour les Allemands !) : il faudrait qu'elle soit équilibrée par une réponse plus longue. J'espère au demeurant que vous pourrez découvrir dans ce projet quelque chose comme un fil rouge. L'expérience prouve que cela allège le travail, et c'est également pour cette raison que j'ai déjà inséré des intertitres dans l'ensemble pour nous orienter. Un plan clair est en outre plus facile à suivre pour l'auditeur.

Je suis certain, chère Madame Arendt, que vous n'aurez aucune difficulté à répondre aux questions. Elles doivent vous être complètement familières. Les quelques critiques que j'ai à ma disposition m'ont montré que le problème a été débattu de façon exhaustive en Amérique[12].

Je me réjouis beaucoup de notre rencontre. J'ai conservé votre carte[13] et j'ai informé monsieur Krüger entre-temps[14].

Je vous prie de présenter mes respects à monsieur Jaspers. Ses propos positifs concernant mon livre[15] ont été extraordinairement importants pour moi – nul besoin d'en exposer en détails les raisons.

Recevez mes sincères salutations
Votre Joachim Fest

Annexe à la Lettre n° 3

I. Introduction

(Quelques mots d'introduction, en particulier sur le bruit qu'a suscité *Eichmann in Jerusalem.*)

1re question. À quoi faut-il attribuer la violence de la discussion en ce qui concerne surtout en partie les thèses soutenues dans votre livre, et en partie les réflexions, qui ont déjà été exposées[16] ailleurs par vous-même, par des tiers – sans avoir provoqué une agitation d'une telle ampleur ?

2e question. Y a-t-il des présupposés psychologiques et sociologiques précis qui soient communs aux porte-parole de la polémique, ou plutôt à la critique du livre ? S'agit-il principalement de représentants de ce qu'on appelle l'establishment juif ?

Ou bien touchons-nous là – d'une manière beaucoup plus générale – au phénomène qu'on qualifie de manière quelque peu malheureuse chez nous de « passé non maîtrisé[17] » et qui n'en constitue pas moins un problème pour le judaïsme, comme on l'a à juste titre remarqué ?

3e question. L'édition allemande d'*Eichmann à Jerusalem* a été publiée ces jours-ci chez Piper. On a déconseillé à plusieurs reprises de publier ce livre dans notre pays[18]. Qu'en pensez-vous et avez-vous procédé à des corrections, à des enrichissements ou à des coupures en vue du lectorat allemand ?

II. Critique et conduite du procès

1re question. L'un des thèmes centraux de votre livre (et en même temps l'un des thèmes à propos desquels la polémique s'est enflammée) concernait la critique que vous avez formulée à l'encontre du comportement du procureur [Gideon Hausner] et simultanément à l'encontre des objectifs politiques que le Premier ministre de l'époque, David Ben Gourion, assignait au procès. Tous deux souhaitaient, avez-vous souligné, donner une leçon par l'intermédiaire de ce procès. Alors que le procureur abordait non pas en premier lieu les actes d'Eichmann, mais l'histoire des souffrances des Juifs « depuis Pharaon et Aman[19] » jusqu'à Hitler, Heydrich et Eichmann, il s'agissait avant tout de démontrer aux Juifs du monde entier où conduit la vie en diaspora et qu'un Juif ne pourrait vivre en sécurité qu'en Israël.

2e question. Nous aurons l'occasion de reparler de l'accusé lui-même et de l'impression qu'il a produite sur vous pendant votre séjour à Jérusalem. Sans entrer dans la psychologie particulière d'Eichmann, on peut cependant déjà se poser la question suivante : Eichmann a toujours souligné qu'il était non coupable au sens de l'accusation. Pensez-vous qu'il se soit senti renforcé dans cette conscience du fait que l'accusation a abordé de manière si large des faits qui n'avaient rien à voir avec son activité ?

3ᵉ question : Dans les nombreuses critiques dont je dispose concernant votre livre, le reproche selon lequel vous auriez critiqué les victimes au motif qu'elles n'auraient pas opposé de résistance revient toujours à la surface. Vous avez pourtant effectivement attiré l'attention sur le fait qu'aucun groupe non juif, ni aucun autre peuple, ne s'était comporté différemment dans des circonstances analogues, et vous avez qualifié de « stupides et cruelles[20] » les questions du procureur qui visaient le problème de la résistance. D'après vous, ces questions faisaient bien plutôt office d'écran de fumée dissimulant la question beaucoup plus grave du rôle des dirigeants juifs face à la catastrophe dans les différents pays européens. Il s'agit là également de la partie la plus violemment controversée de votre Rapport, bien qu'elle n'y occupe que relativement peu de place[21]. La phrase selon laquelle la coopération des dirigeants juifs avec les fonctionnaires du meurtre de masse serait « le chapitre le plus sombre de toute cette sombre histoire[22] » a en particulier été à l'origine de la réprobation.

III. La coopération

1re question. Entre la résistance d'un côté et la coopération de l'autre, il existe certainement toute une gamme de comportements possibles. Peut-on penser que vous avez surestimé ces possibilités ?

2e question. Votre affirmation selon laquelle sans la coopération des dirigeants juifs il n'aurait pas été possible de tuer entre quatre millions et demi à six millions de Juifs, mais beaucoup moins[23] a également suscité une violente critique. Cette conclusion est effectivement, comme vous l'indiquez vous-même, difficile à prouver. Maintenez-vous cette phrase en dépit de toutes les critiques qu'elle a suscitées, ou bien ne l'avez vous reprise telle quelle dans l'édition allemande que parce que vous ne vouliez procéder à aucune correction par rapport à la version originale du livre ?

3e question. On a critiqué le fait que vous ayez prêté peu d'attention aux raisons qui ont poussé les dirigeants juifs à coopérer. On a surtout donné à entendre que la complète passivité qu'on exigeait d'eux contredirait l'expérience séculaire du judaïsme européen selon laquelle seule l'adaptation très étroite, voire la « coopération », garantissait un certain espace de liberté. La volonté d'assimilation depuis des générations n'a-t-elle pas laissé s'étioler cette capacité d'opposition (jusqu'à devenir une totale passivité), en sorte qu'on était plutôt prêt à endurer qu'à résister ?

4e question. N'avez-vous pas peut-être exigé davantage des Juifs que des autres, une meilleure vue d'ensemble, un degré supérieur de bon sens, de morale ? Votre livre ne serait-il pas ainsi peut-être, entre autres choses, le résultat d'une déception induite par le constat que les Juifs ne se sont pas comportés autrement face aux nationaux-socialistes que les autres victimes ?

5ᵉ question. Ne doit-on pas dire que les dirigeants juifs qui ont coopéré ne pouvaient pas prévoir ce qui s'est produit ; et qu'au moment où cela se produisait, quand ils eurent connaissance des meurtres de masse, il leur a fallu se comporter comme s'ils ne savaient rien, parce que ce que l'on rapportait était si inconcevable, si incroyable, que le refus de l'accepter paraît tout à fait compréhensible ?

IV. L'accusé

1re question. L'un des points de vue décisifs est le suivant : le totalitarisme, avec tous les phénomènes qui l'ont accompagné, était quelque chose de tout à fait nouveau, d'inouï, au-delà de toute expérience. Les méthodes d'organisation, la fonction et l'objectif de la terreur, le concept d'« adversaire objectif », tout ceci et bien d'autres choses étaient si inédits que le désarroi que cela a suscité, l'impuissance que cela a fait naître étaient parfaitement compréhensibles. Il me semble que, dans les réactions qui se sont manifestées à propos du portrait de l'accusé tel que vous l'avez élaboré, on retrouve un reflet de cette incapacité à se mettre au diapason du caractère entièrement différent des phénomènes totalitaires. Le sous-titre de votre livre, qui a également été très critiqué et a déclenché tous les calembours critiques imaginables, est : « Un rapport sur la [de la] banalité du mal ».

2e question. En référence à quelques critiques qui se sont exprimées sur ce point, vous avez souligné que vous vous seriez contentée de restituer l'impression qu'avait produite sur vous la personne de cet homme qu'est Eichmann[24]. En fait on peut dire qu'il incarne non seulement un phénomène isolé, mais qu'il est surtout un représentant typique de cette époque, un personnage absolument représentatif. Les convergences du point de vue de la psychologie, et finalement jusque dans les détails biographiques concernant un homme comme Rudolf Höss[25], ou même les accusés au cours du procès d'Auschwitz qui ont lieu en ce moment[26], sont en effet surprenantes. Le point commun à tous ces hommes, c'est une insignifiance atterrante, l'absence de tout élément démoniaque touchant au mal selon sa représentation traditionnelle. Il n'est manifestement pas facile de concevoir cela et même le tribunal de Jérusalem n'y est pas parvenu. S'il en est bien ainsi, si le mal se présente ici sous une forme entièrement nouvelle, est-ce que les catégories traditionnelles du bien et du mal, de la culpabilité et de l'innocence se dérobent également ? Et comment faudrait-il concevoir l'essence du mal sur l'arrière-plan de cette expérience ?

3e question. S'il en est vraiment ainsi, si le mal ne se manifeste plus par des phénomènes exceptionnels, si aucun César Borgia[27] n'est nécessaire, si un Eichmann ou un Boger[28] suffit, cela signifie du même coup que les possibilités du mal se sont infiniment étendues, que l'on peut s'y attendre en permanence, à tout moment et, dans une certaine mesure, de la part même de notre voisin, du marchand de tabac au coin de la rue, etc. Pensez-vous que, dans la résistance opposée à ces thèses, ce ne sont pas seulement les représentations traditionnelles du mal, sous formes de clichés plutôt romantiques qui sont à l'œuvre, mais ici également un désir instinctif de sécurité qui refuse de s'accommoder de la thèse que vous soutenez implicitement concernant la fin d'un monde incontestablement moral, où le mal constitue l'exception et peut pour ainsi dire être reconnaissable au premier coup d'œil ?

4ᵉ question. On a soutenu que vous auriez, peut-être involontairement, exonéré Eichmann[29]. Ce malentendu repose indubitablement sur la disproportion effroyable existant entre le criminel et son forfait. Ce qu'on voulait manifestement dire, c'est que, en « minimisant l'importance » d'Eichmann – ce dont il s'était déjà lui-même chargé –, vous avez minimisé son action, sa responsabilité, sa culpabilité. En quoi consiste la culpabilité d'Eichmann ?

5ᵉ question. Revenons une fois de plus au procès. On peut toutefois se demander si, en s'évertuant à revaloriser Eichmann, le procureur Hausner et Ben Gourion n'ont pas seulement sous-estimé la complexité et l'intrication de l'exercice totalitaire du pouvoir, mais également si, sur le plan tactique et politique dont cette revalorisation pouvait satisfaire les besoins, ils n'ont pas commis une faute lourde de conséquences. Si Eichmann a vraiment été « le moteur », le principal responsable, tous ceux qui n'étaient pas moins coupables que lui n'ont-ils pas le droit de se sentir encore plus exonérés ? Si toute la culpabilité est retombée sur Eichmann, elle a par conséquent disparu du monde en même temps que lui.

Et inversement : plus Eichmann était insignifiant, et plus le cercle des complices s'élargit jusqu'à s'étendre finalement à la complicité de presque tous les Allemands, ou du moins à une grande partie d'entre eux. Eichmann lui-même a déjà fait remarquer que rien n'avait davantage contribué à apaiser sa conscience que le fait qu'il n'avait pu découvrir à cent lieues à la ronde personne qui fut opposé à la « Solution finale »[30].

6e question. Cela nous conduit à poser la question des répercussions que pourrait avoir le livre en Allemagne. Eichmann en a parlé au cours d'une audience où il a affirmé que sa volonté idéaliste, son obéissance, sa fidélité à son devoir auraient suscité en lui une « sorte de satisfaction à la Ponce Pilate », « car je me sentais dénué de toute culpabilité[31] », a-t-il poursuivi. Sur ce point encore il incarne un type, celui-là même que nous rencontrons dans la vie publique de la République fédérale jusque dans les hautes sphères de la fonction publique.

V. Conclusion

Vous avez souligné que votre livre traitait du complet effondrement moral[32] sous la domination de Hitler, et ce dans tous les pays. George Lichtheim, dans un article sur le cas Eichmann, a écrit cette phrase terrible : « À la question de savoir pourquoi on n'a pas sauvé davantage de Juifs, la réponse est tout simplement : parce que personne ne s'est suffisamment ému du fait qu'on les ait massacrés[33]. »

Il y a cependant eu des exceptions. Les passages qui traitent de cet aspect font partie des plus impressionnants de votre livre. Quelques critiques ont également soutenu le point de vue selon lequel *Eichmann in Jerusalem* est un essai sur la responsabilité individuelle[34]. Dans la mesure précisément où Eichmann incarne le type de l'homme dépourvu de tout sentiment humain de responsabilité, les Danois[35] par exemple, ou l'adjudant allemand Anton Schmid[36], démontrent quant à eux ce qu'est capable de faire l'homme isolé, en tant qu'individu, contre les prétentions meurtrières d'un régime totalitaire. Ils ont apporté une réponse à la question rhétorique de tant de consciences insensibles : « Qu'aurions-nous donc pu faire ? »

(Question finale ou remarque finale) Vous avez noté à plusieurs reprises dans vos travaux que la crise déclenchée par le totalitarisme d'origine national-socialiste ou bolche[vi]que ne pouvait être surmontée ni avec la fin de l'un ni avec la fin éventuelle de l'autre. Vous avez même en une occasion formulé l'espoir que les véritables problèmes se révéleraient alors pour la première fois[37]. Les victimes regrettent, c'est un fait, et qui les unit toutes, de s'être prémunies du pouvoir de se représenter la misère et la compassion ; par ailleurs, il y a un autre fait à propos duquel il convient de réfléchir, à savoir, comment éviter que de tels événements se reproduisent. C'est peut-être là que se trouve la véritable raison du conflit dont votre livre a fait l'objet. Il y a dans cette terrible histoire d'assassinat programmé du judaïsme européen une vérité qui relève de l'ordre du sentiment et qui exige qu'on n'adresse aucune critique aux victimes, qu'on ne leur vole pas en quelque sorte la légitimité de leur souffrance. Mais cette vérité est tout à fait impuissante et n'offre aucune possibilité de jugement ni aucune capacité de se prémunir à l'avenir. À côté de cela il y a la vérité objective ; elle exige la rationalité, une évaluation sobre des événements, une étude impitoyable des causes de cette catastrophe ; et c'est précisément pour cela qu'elle est en mesure de nous rendre plus assurés sur le plan intellectuel et moral. Dans une Remarque liminaire, la rédaction du journal *The New Yorker*, dans lequel votre Rapport a tout d'abord été publié en cinq livraisons, a décrit en ces termes la leçon que contient *Eichmann in Jerusalem* : « Hannah Arendt a noté quel a été le comportement des individus et des nations et elle a tiré de cette histoire une morale pour les Allemands, pour les citoyens d'autres États occidentaux, et pour les Juifs – dans cet ordre de responsabilité : il est mal, que ce soit activement ou passivement, d'acquiescer au mal, fût-on son instrument, son observateur, ou sa victime[38]. »

(4) Hannah Arendt à Joachim Fest, 6 septembre 1964.

Bâle, le 6 septembre 1964

Cher Monsieur Fest,

J'ai lu vos questions à plusieurs reprises avec la plus grande attention et je vous en remercie beaucoup. Vous présentez une énumération presque complète des objections qui ont été soulevées contre ce livre, si l'on fait abstraction des invectives personnelles. Je comprends d'après votre lettre en quoi consiste selon vous votre tâche : me fournir l'occasion de « parer à toutes les objections qui se sont déjà exprimées ou bien auxquelles on peut s'attendre dans ce pays ». Malheureusement cela repose sur un malentendu ; je n'ai jamais eu l'intention de me *défendre* – ce que je ferais naturellement si je me laissais entraîner dans vos questions telles qu'elles sont formulées. D'autres l'ont déjà fait[39], vous répondez vous-même à certaines des objections, et les autres se résolvent également tout simplement à partir de la lecture du livre. Il est vrai que les questions que vous amorcez « ont été débattues de façon exhaustive en Amérique », mais il s'agit pour presque toutes de questions qui n'avaient pas grand-chose à voir avec mon livre, et par conséquent précisément pas avec les problèmes que je désirerais voir soulevés. Toute discussion sérieuse du livre a bien plutôt été empêchée à la faveur de ces objections non objectives et qui ont trait, comme j'ai l'habitude de le dire, à un livre qui n'a jamais été écrit. Si je voulais affronter ces « objections », il faudrait à mon avis que cela se fasse sous la forme d'une attaque générale, le contraire précisément d'une défense, dans laquelle je devrais alors exposer l'histoire pas très belle de cette affaire (car c'est bien ce qu'elle est), ce dont un entretien à la radio ne serait assurément pas l'occasion appropriée. Au fond je partage l'opinion de mes amis américains, et surtout celle de l'éditeur[40] ainsi que celle du rédacteur du *New Yorker*[41] que j'apprécie beaucoup, selon laquelle des choses de ce genre s'arrangent soit d'elles-mêmes, soit grâce à d'autres, mais certainement pas grâce à moi, qu'elles doivent être rejetées.

Je suis naturellement très peinée que vous ayez accompli inutilement ce gros travail. Je ne comprends pas comment le malentendu – car c'en est bien un – a pu se produire. J'étais d'accord pour *vous* accorder un entretien parce que je pensais, après avoir lu votre livre[42], que nous avions des intérêts communs, que nous voyions beaucoup de choses sous un même jour, et qu'il devait y avoir des choses à propos desquelles nous pouvions discuter avec profit. Il devait s'agir d'un entretien que vous mèneriez, mais pas d'une interview, d'une conversation tout simplement. J'attends maintenant que vous me donniez votre sentiment : souhaitons-nous laisser tomber ce projet ou bien pouvons-nous encore le modifier au dernier moment et faire en sorte qu'il devienne une conversation purement objective, ce qui suppose par conséquent que nous adoptions un nouveau principe : non pas partir des objections formulées contre mon livre, mais de problèmes à propos desquels nous avons *tous deux* des choses à dire.

Voici pour l'instant les thèmes qui me viennent par exemple à l'esprit, et dont vous pourriez amorcer à chaque fois la discussion en posant une question :

1. Qu'en est-il au juste de ces procès, de celui de Jérusalem et de toute la série de ceux qui ont actuellement lieu en Allemagne ? À quoi aboutiront-ils ? Quelles réactions vont-ils susciter ?

2. Comment peut-on décrire le type de criminel ou les types de criminels qui y sont condamnés ? Comparaison entre d'une part les accusés du procès d'Auschwitz[43], et avec Heydrich[44] d'autre part.

3. Dans quelle mesure peut-on exiger que des hommes vivant dans des conditions totalitaires soient encore responsables ? (Les Conseils juifs d'un côté, les fonctionnaires du genre de Globke[45] de l'autre.)

4. Qu'en est-il au juste dans ce contexte de la vieille formule : mieux vaut souffrir l'injustice que commettre l'injustice[46] ?

5. Je parle de génocide dans le livre, et non pas de « crime contre le peuple juif ». Le génocide est un crime contre l'humanité. Ce concept est-il suffisant ? Est-ce que

l'expression « meurtre de masse administratif[47] » ne couvrirait pas mieux la spécificité de ces événements ? Le rôle de la bureaucratie n'est-il pas décisif ?

6. Au cas où nous en viendrions à aborder la polémique – ce qui est bien sûr possible, entre autres choses, mais sans en faire le thème principal ! –, cette polémique a dans une certaine mesure été amorcée par les organisations d'intérêt juives. En conséquence, la question suivante, une question très sérieuse, se pose : doit-on dire la vérité même lorsqu'elle débouche sur un conflit avec des intérêts *légitimes* bien précis. Ou bien – dans le même sens – admettons que le livre ait une « mauvaise » répercussion en Allemagne, serait-ce une raison de ne pas le publier ?

Vous voyez ce que je veux dire. Il ne s'agit là que de propositions, *aucunement astreignantes*. Le contenu de la conversation devrait en tout cas prendre pour point de départ les faits, et non pas la polémique, qui manque souvent terriblement d'objectivité.

Nous pourrions au besoin enregistrer la conversation à titre d'essai et à la fin, au cas où elle ne nous plairait pas, il serait toujours temps d'y renoncer ou d'en supprimer des parties. Nous pouvons naturellement y renoncer dès maintenant mais cela me ferait de la peine car j'espère avoir néanmoins l'occasion de vous connaître.

Mais, au cas où il vous paraîtrait possible d'accéder à mes propositions[48], je vous propose de fixer par écrit les questions les unes à la suite des autres ; il n'est pas absolument nécessaire qu'elles s'enchaînent. Nous nous en parlerions ensuite oralement et j'esquisserais également brièvement ce que j'ai l'intention de dire. Mais il me semble que tout fixer par écrit jusque dans les moindres détails nuirait au caractère spontané de la conversation et nous demanderait également un effort superflu.

Vous pouvez me joindre jusqu'au 14 chez Jaspers, et, au cas où vous souhaiteriez me téléphoner, le matin tôt, ainsi que tard le soir, à l'hôtel International. À partir du 14 au soir je serai à l'hôtel Continental à Munich puis, à partir du 16, à Francfort à l'hôtel Preussischer Hof.

Aves mes salutations les plus amicales
Votre
[Hannah Arendt]

(5) Joachim Fest à Hannah Arendt, 10 septembre 1964.

Kampen/Sylt, le 10. 09. 1964

Chère Madame Arendt,

C'est effectivement un malentendu tout à fait stupide mais – pour anticiper immédiatement sur la fin –, il n'y a là rien qui ne puisse s'arranger. J'ai été malheureusement absent d'ici pendant deux jours et je n'ai trouvé votre lettre qu'aujourd'hui. Depuis que l'éditeur m'a soumis la question de l'entretien radiophonique, j'ai dû procéder sur la base des informations qu'on m'avait communiquées à ce sujet, selon lesquelles ce qui était prévu n'était absolument pas, comme je m'en aperçois maintenant, ce que vous souhaitiez. Il ne s'agissait assurément pas d'une « autodéfense », mais néanmoins d'une justification élargie de certains points exposés dans le livre, afin de parer dès le départ aux malentendus et aux contresens auxquels on peut s'attendre, et d'éviter également que vous ne receviez les suffrages du mauvais côté. Autant lors de ma première conversation téléphonique avec monsieur Piper, que par la suite au cours d'un ou deux entretiens que j'ai eus avec son collaborateur, j'ai eu l'impression très nette qu'il s'agissait de s'efforcer de vous donner cette publicité que les adversaires de votre livre, et dans une mesure tout aussi considérable, de votre personne, leur ont déjà accordée dans ce pays[49] ; mais tout ceci en prenant toujours en considération ce qui est capital dans l'explication des arguments avancés. Par ailleurs, l'idée de mener un « entretien » dont les questions sont aussi préparés qui produirait inévitablement une impression très stylisée ne me plaît pas non plus particulièrement ; mais ici aussi j'ai cru comprendre qu'il s'agissait de votre souhait, qui ne me paraissait pas tout à fait sans fondement compte tenu du thème délicat. Je suis par conséquent tout à fait d'accord avec votre proposition de mener notre entretien plus librement.

En ce qui concerne le nouveau cadre de notre conversation, vous évoquez vous-même la possibilité que nous nous arrêtions également sur les questions qui ont déclenché la polémique[50] autour du livre. Je pense effectivement que c'est nécessaire, sans pour autant vouloir en faire un thème central ou unique. Il est incontestable que nous ne pouvons pas ne pas en tenir compte, car ceux qui en ont entendu parler attendent – à juste titre – que nous nous exprimions à ce sujet. Quant à ceux qui n'en savent rien ou que très peu de choses, ils doivent être informés de ce dont il s'agit, lorsque au cours de notre entretien nous y ferons référence par une phrase (ce qui est inévitable). C'est pourquoi le plus sensé serait que nous commencions par là, de manière aussi concise et complète que possible. J'espère que cette proposition trouvera votre agrément. Elle est indépendante du fait que votre conception – qui veut que, dans le contexte des reproches qui vous sont adressés, ou plutôt qui s'adressent à votre livre, devraient être récusés par d'autres – m'a entièrement convaincu.

J'ai donc formulé quelques points sur les feuilles ci-joint (il ne s'agit pas de questions concrètes) à propos desquels nous pouvons nous entretenir. Afin de ne pas dériver et nous perdre, il faudrait centrer notre conversation autour du personnage de l'accusé en tant que nouveau type de criminel, « son » crime (ceci toutefois de manière moins détaillée), de même que quelques questions qui en découlent. Que pensez-vous de prévoir ici certains jalons ? Compte tenu de l'urgence, j'ai en tout cas noté quelques questions globales – sans prétendre être exhaustif, mais sans que nous soyons non plus obligés de discuter intégralement de tout cela. Nous pourrons évoquer ce que nous souhaitons ajouter, omettre, etc., à Francfort ou plutôt à Baden-Baden.

J'espère beaucoup, chère Madame Arendt, que cette lettre vous trouvera encore à Bâle. J'essaierai de vous joindre par téléphone à Bâle afin de m'en assurer. Nous nous verrons ensuite la semaine prochaine à Francfort.

Avec mes salutations amicales
Votre
Joachim Fest

Annexe à la Lettre n° 5[51]

1) Les discussions concernant *Eichmann in Jerusalem*. À quoi sont-elles dues, d'autant plus que certaines des idées qui y sont soutenues ont été exposées par ailleurs sans susciter une émotion d'un niveau comparable ?

2) Y a-t-il un rapport entre le procès Eichmann et ce qu'on a appelé les procès des KZ* en Allemagne ?

Les réactions en Israël et en Allemagne sont-elles comparables ?

3) Ces procès (comme l'avaient déjà fait en partie les procès de Nuremberg) ont fait apparaître un nouveau type de criminel.

Des caractéristiques, des points communs (le curriculum vitae, l'absence de tout « démon », l'indifférence face à ce qui s'est passé, le manque de toute capacité de représentation, l'apitoiement sur soi-même, la soif d'autorité, mais également la façon de parler, etc.).

Est-ce que ce type de criminel était en relation avec l'idéologie ? Quelles étaient ses motivations ?

4) Que signifie la « banalité du mal » ?

5) Eichmann, Höss, Boger, etc., sont-ils des phénomènes spécifiquement « allemands » ?

6) Le problème du serment, de l'ordre, de l'obéissance. Le fait d'en appeler à ces notions est-il purement une échappatoire ? Ou bien ne se cache-t-il pas davantage derrière cela ?

7) Dans quelle mesure peut-on exiger que des hommes vivant dans des conditions totalitaires soient encore responsables ? Aussi bien en ce qui concerne, d'un côté, les

* Voir note p. 43.

Conseils juifs que, de l'autre côté, des fonctionnaires du type de Globke ?

8) Sous un régime totalitaire, quelles possibilités a-t-on de vivre sans devenir coupable ? Comment celui qui n'est pas un « héros », mais qui n'est pas non plus un criminel, peut-il demeurer exempt de reproche ? Que signifie dans ce contexte le problème de la complicité ?

9) Le rôle de la bureaucratie dans le meurtre de masse. Qu'est-ce que cela signifie pour l'individu ? Dans quelle mesure la conscience de la culpabilité (ou plutôt la conscience de l'injustice) se dilue-t-elle dans la voie hiérarchique ? Les compétences partielles obscurcissent-elles parfois la possibilité du discernement moral ?

Peut-on encore se débrouiller avec ce vieux principe simple selon lequel il vaut mieux subir l'injustice que la commettre ?

10) Dans quelle mesure le type d'Eichmann correspond-il au concept traditionnel de meurtrier ? N'incarne-t-il pas davantage une fonction dans un appareil de meurtre qu'un meurtrier ? Faut-il redéfinir le concept ? La responsabilité partielle de ce type d'homme fonde-t-elle la culpabilité indivise ?

11) Les normes de droit en vigueur peuvent-elles appréhender ce dont on doit répondre ici ?

La justice est-elle encore garantie ?

De quelle sorte de crime s'agit-il ?

12) L'extension de la responsabilité aux meurtriers bureaucrates est une manière de qualifier le concept de culpabilité. Dans quelle mesure l'action indirecte d'un Eichmann se distingue-t-elle par exemple de celle d'un intellectuel national-socialiste, d'un propagandiste national-socialiste ?

Ou bien encore de celle d'un fonctionnaire, d'un industriel ? Car eux aussi avaient leur fonction bien circonscrite dans l'appareil de meurtre du système totalitaire. Où se trouve la frontière entre la culpabilité, qu'on peut appréhender en termes techniques de droit, et le reproche qu'adresse la conscience ?

13) Le problème de la morale totalitaire et de la conscience morale.

Qu'en est-il de la faculté de jugement de l'homme sous un régime totalitaire ? Sur quoi peut-elle s'appuyer ? L'absence de la faculté de juger fonde-t-elle la culpabilité ? Qu'a-t-elle à voir avec l'« idéalisme » que beaucoup d'Allemands continuent encore à revendiquer ? Jusqu'à quel point peut-on accepter une idéologie en contradiction avec la morale courante sans parler de culpabilité ?

14) Les concepts de « bien » et de « mal » proviennent de convictions morales identiques. Qu'en est-il désormais ? L'identité du sentiment moral fondamental est-elle rétablie dans le monde ?

15) Le défaut de la faculté de jugement qui devient de plus en plus évident dans le comportement face aux exactions produites par le régime national-socialiste n'est-il pas l'une des conséquences (mondiales) de la confusion de tous les concepts moraux par la morale totalitaire « courante » ?

16) À ce sujet vous avez attiré l'attention sur le fait que le procès Eichmann avait révélé le complet effondrement moral au cœur de l'Europe. La réaction à votre livre (dénégation de cet effondrement d'une part, aveu d'une culpabilité totale de l'autre) n'atteste-t-elle pas précisément ce que vous avez essayé de démontrer ? Quelle réaction attendiez-vous ? Quelle réaction espériez-vous ?

17) La résistance à certains points exposés dans votre livre a plusieurs motivations, parmi lesquelles certains méritent le respect. D'où la question : doit-on dire la vérité même lorsqu'on se trouve en conflit avec des intérêts et des sentiments légitimes bien précis ?

18) Quelles conclusions tirer du fait qu'Eichmann n'était pas un monstre ?

Est-il possible que la résistance à cette image soit également due au fait qu'elle nous prive des possibilités de l'indignation pathétique ? Quelle assurance pouvons-nous encore avoir ?

19) On a déconseillé à plusieurs reprises de publier *Eichmann in Jerusalem* en Allemagne. On a invoqué les effets négatifs sur l'opinion publique. En quoi pourraient consister ces effets négatifs ? Doit-on les redouter le cas échéant ? Et quels pourraient être les effets positifs du livre en Allemagne ?

(6) Joachim Fest à Hannah Arendt, 8 janvier 1965.

[Hambourg,] le 8-1-65

Chère Madame Arendt,

Je ne voulais assurément pas laisser cette année commencer sans vous adresser mes salutations les plus cordiales, et voici qu'une semaine s'est déjà écoulée. J'en appelle à votre indulgence car la raison en est que j'ai pris une fonction supplémentaire à la télévision qui m'occasionne un surcroît de travail. Ce que vous voyez au dos de la carte est un dessin de mon fils âgé de 3 ans et demi que j'ai trouvé si amusant que je l'ai fait lithographier. En ce qui concerne votre livre, la réaction du public est étrangement tiède[52]. Je crois que cela tient quelque peu à la stupeur à ce sujet, au fait qu'il y ait eu un tel tumulte à ce sujet ; c'est du moins ce que pensent de nombreux amis et connaissances. Au fond, je pense que c'est une réaction très raisonnable. Des jeunes gens avec lesquels j'ai eu une conversation ont rapidement compris votre thèse selon laquelle c'est lorsqu'il est seul que l'homme faible est le plus fort[53]. J'ai été très impressionné par le niveau de cet entretien.

Permettez-moi, chère Madame Arendt, de souhaiter le meilleur, je repense toujours avec un grand plaisir à notre rencontre et j'espère que nous nous reverrons bientôt.

Très cordialement,
Votre Joachim Fest.

(7) **Joachim Fest à Hannah Arendt, 2 décembre 1969.**

Hambourg, le 2 décembre 1969

Chère Madame Arendt,

Vous serez peut-être étonnée de recevoir une lettre de moi sous cet en-tête[54]. Il y a si longtemps que nous n'avons pas entendu parler l'un de l'autre que je ne sais pas si vous avez appris (par l'intermédiaire de Helen Wolff[55] par exemple) de quoi je m'occupe en ce moment. Le livre auquel vous avez véritablement donné le coup d'envoi est sur le point de sortir, et c'est à lui que je me suis principalement consacré depuis un long moment[56] ; outre cela, j'ai accepté de prendre en charge à partir de l'année prochaine une rubrique régulière dans le *Spiegel* qui s'appellera probablement « Der Spiegel-Essay ». Je me suis proposé à diverses reprises ces derniers temps de vous écrire. Mon activité au *Spiegel* me fournit aujourd'hui une occasion bienvenue de concrétiser cette intention.

Car j'aimerais bien vous demander, chère Madame Arendt, d'écrire l'essai d'ouverture pour le *Spiegel.* En ce qui concerne ma proposition de thème, vous savez certainement qu'on a publié à Paris au début des années 1930 un livre de Pierre Viénot intitulé *Incertitudes allemandes*, lequel, si je suis bien informé, a provoqué un certain remue-ménage ; il décrivait et analysait l'état d'esprit et les tendances prétotalitaires de ces années en Allemagne, et ne donnait pas de grandes chances à la démocratie de ce pays. Or, sans vouloir établir un parallèle détaillé, si je ne me trompe, la même incertitude en ce qui concerne les États-Unis[57] agite actuellement beaucoup de gens à l'intérieur comme à l'extérieur du pays. Je n'ai certainement pas besoin de vous énumérer les causes et les raisons de ce malaise qui sont d'origine et de nature très diverses et qui proviennent en partie de sources très différentes. Je vous fais bien sûr confiance en ce qui concerne le thème et la problématique. Peut-être même vous paraîtra-t-il aussi intéressant et important qu'à nous d'examiner la situation et l'état d'esprit aux États-Unis, de même que les critiques, à la lumière des questions que Viénot a posées à l'époque.

Pour les détails techniques, je vous précise brièvement que l'essai doit paraître fin janvier 1970 sur une double page du *Spiegel*, soit sur six colonnes. Sa longueur devra par conséquent être de neuf feuillets dactylographiés (soit environ 30 lignes de 65 signes). Vous recevrez 3 000 marks à titre d'honoraires.

Il se peut, chère Madame Arendt, que vous ayez actuellement un autre thème de prédilection. Mais je vous prierais alors d'envisager la possibilité de vous passionner pour les « Incertitudes américaines ». Cela ne veut cependant pas dire que nous ne puissions pas discuter d'une contre-proposition. Ce thème ne doit pas non plus en exclure un autre. Enfin, je ne sais absolument pas s'il vous serait possible de nous fournir l'essai en question d'ici la seconde moitié du mois de janvier. Aurez-vous l'amabilité de me faire signe ? Le cas échéant je vous appellerais également, si des questions supplémentaires se posaient.

Il est possible que je me rende aux États-Unis dans le courant du premier semestre. Je vous en informerais alors. Car, indépendamment de ces obligations, j'aimerais en même temps avoir l'occasion de parler avec vous de tel ou tel aspect de mon livre sur Hitler. Je crois en effet avoir mis au jour quelques points de vue qui n'étaient pas apparus jusqu'à présent dans l'historiographie, et plus je m'occupe de Hitler, plus il me paraît problématique. Par-delà l'aspect moral, où tout est rapidement indiscutable, je ne suis pas certain qu'il n'ait pas soulevé et laissé quelques vraies questions auxquelles il n'existe jusqu'à maintenant aucune réponse. Mais je sais également qu'on doit se garder de faire indûment de lui un personnage intellectuellement « intéressant ». La possibilité de parler de tout cela se présentera certainement, sinon dans un futur proche, du moins à un moment ou à un autre.

Je me réjouirais en tout cas beaucoup de vous revoir pour l'une ou l'autre de ces raisons, à New York ou ailleurs, en espérant que cela soit bientôt. Entre-temps je vous adresse comme toujours

Mes sincères salutations

Votre Joachim Fest

(8) Hannah Arendt à Joachim Fest, 23 décembre 1969.

New York, le 23 décembre 1969

Cher Monsieur Fest,

Je me suis beaucoup réjouie d'avoir enfin à nouveau de vos nouvelles et je me réjouis également que vous ayez atterri au *Spiegel*, car c'est la meilleure possibilité qui existe en Allemagne. Il se trouve que votre nom a été prononcé à plusieurs reprises chez nous ces derniers temps, d'une part parce que votre livre vient enfin de paraître chez Pantheon[58], d'autre part à cause des Mémoires de Speer[59] dont dont j'avais à cœur de voir paraître une recension dans la *New York Reviw of Books* et pour laquelle je vous ai recommandé. Je ne connais que des extraits du livre et j'ai l'impression que bien qu'il soit sincère, admirablement sincère, l'homme n'est toutefois pas en mesure d'expliquer cette véritable énigme : « … si Hitler avait été capable d'avoir un ami, j'aurais été cet ami (ou quelque chose de semblable)[60]. » J'ai pensé que si quelqu'un était susceptible d'expliquer cela, ce ne pouvait être que vous. Je ne sais naturellement pas si la *Review of Books* se ralliera à ma proposition.

En ce qui concerne votre propre proposition, je dois malheureusement l'envoyer promener. Je suis actuellement plongée dans un tout autre travail, et je ne peux pas me permettre de m'en laisser distraire[61].

J'espère que vous viendrez ici et que nous aurons alors l'occasion de nous entretenir. Ici les choses ne sont actuellement que malheureusement trop intéressantes.

Recevez mes salutations amicales et mes meilleurs vœux pour la nouvelle année

Votre [Hannah Arendt]

(9) Joachim Fest à Hannah Arendt, 7 septembre 1970.

Hambourg, le 7 septembre 1970

Chère Madame Arendt,

Votre lettre dans laquelle vous déclinez ma proposition de collaborer par un essai dans le *Spiegel* est restée de côté assez longtemps. J'ai eu l'intention de vous écrire à plusieurs reprises, mais beaucoup de choses se sont passées entre-temps et nous avons encore une fois envisagé avec monsieur Gaus[62] d'entreprendre ensemble un voyage à New York, puis j'ai attendu que nous prenions date, ce qui naturellement jusqu'à présent n'a pas pu se faire. Je vous dirai donc de façon tout à fait spontanée, sans qu'il soit besoin d'une autre occasion, que je suis tout aussi intéressé qu'auparavant par une contribution de votre part dans le *Spiegel.* Je ne sais pas sur quoi vous travaillez actuellement, mais si le sujet renferme un aspect qui vous semble approprié, faites-le-moi savoir je vous prie.

Je pense qu'on discutera abondamment chez vous des Mémoires de SPEER[63]. Si je ne me trompe, le fait qu'il a toujours été aimé a été le problème de toute sa vie – à commencer par son maître Tessenow* jusqu'à Hitler, le procureur Jackson**, le personnel de la prison à Spandau***, et encore aujourd'hui en ce qui concerne ses lecteurs –, mais en grande partie aussi son malheur. Le succès de son livre en Allemagne s'explique fort bien. Speer a rendu bonne conscience à de nombreuses personnes qui avaient toujours été zélées, rangées, vertueuses et désintéressées et qui s'étaient soudainement retrouvées enferrées dans des conflits moraux : il semble prouver qu'on pouvait être nazi et néanmoins honorable. Le succès du livre qui se profile en Amérique repose sur de tout autres présupposés.

Il ne s'agit là que de quelques allusions, mais elles me laissent espérer que nous aurons à nouveau bientôt l'occasion de nous entretenir.

J'espère que vous allez bien. N'avez-vous pas l'intention de venir prochainement en Allemagne ?

J'ai rédigé pour moitié ma biographie sur Hitler.

Recevez comme toujours mes salutations sincères,

Votre Joachim Fest

* Albert Speer fut l'étudiant puis l'assistant de l'architecte allemand Heinrich Tessenow (1876-1950).

** Le juge à la Cour suprême et ancien procureur général des États-Unis, Robert Jackson, fut chargé par Harry S. Truman de la préparation du procès de Nuremberg.

*** Voir note p. 37.

(10) Hannah Arendt à Joachim Fest, 14 septembre 1970.

[New York,] le 14 septembre 1970

Cher Monsieur Fest,

Je vous félicite pour l'édition anglaise de votre livre *Gesicht des Dritten Reiches*, qui semble du reste très convenablement traduit[64]. Et je vous félicite également d'avoir achevé la moitié de votre biographie sur Hitler. Votre lettre vient de me parvenir et j'espère seulement que votre voyage à New York aura abouti ou aboutisse à quelque chose. Car j'ai grande envie de m'entretenir avec vous. L'occasion en est bien sûr fournie par le livre de Speer[65].

J'ai lu le livre d'assez près et on m'a demandé à plusieurs reprises ici de le recenser. D'habitude je refuse, pour ainsi dire par principe, mais dans ce cas précis je l'aurais fait volontiers si ce n'est que… je ne le comprends pas, et je vais brièvement vous dire pourquoi, afin que nous sachions de quoi nous voulons nous entretenir au cas où, d'une manière ou d'une autre, nous nous rencontrions. (J'ai d'ailleurs passé trois mois cet été en Suisse et je pense revenir pour plusieurs mois en Europe au printemps.)

J'ai attendu ce livre avec impatience et dans un certain sens je n'ai pas été déçue. Il s'agit là des premiers Mémoires d'anciens nazis dans lesquels on ne ment pas. On apprend en outre sur Hitler un tas de choses qu'on ne connaissait pas jusqu'à présent et qui seront pour vous d'une importance considérable. Mais l'objet de mon attente était tout autre. Je présupposais que Speer ne mentirait pas, car je sais qu'il a comparu à Nuremberg[66]. La question à laquelle on attendait impatiemment que Speer fournisse une réponse était très simple : comment ces choses ont-elles pu arriver à un homme qui *ne* cadrait manifestement *pas* avec cette société ? Votre explication (que Speer a lui aussi à moitié acceptée, peut-être sous votre influence[67] ?), à savoir qu'il était un « technocrate », n'a rien éclairé à mes yeux, et m'éclaire encore moins maintenant que j'ai lu le livre[68]. La raison qui ressort clairement du livre est que Speer est devenu nazi comme un adepte le devient du Dieu véritable du fait que Hitler lui plaisait tant. Mais il me semble superficiel de parler de fascination. Tout se passe comme si Hitler avait été son grand amour. Et, étant donné qu'il avait une femme et qu'il avait engendré six enfants qu'il aimait manifestement bien, toutes les suppositions qui tombent sous le sens n'ont pas lieu d'être. Mais, justement, comment cela a-t-il pu être possible ? D'après le portrait que Speer lui-même brosse de Hitler, je peux encore comprendre la première fascination, lorsqu'il l'a entendu parler pour la première fois. Je peux me représenter que ce qui l'a fasciné, ce n'était pas véritablement Hitler, mais l'impression inhabituelle qu'il suscitait chez ses auditeurs, comme s'il avait été fasciné par la fascination. Or, on connaît de telles histoires d'amour lorsque par exemple des jeunes filles couchent non pas avec un homme mais avec sa renommée. Mais comment cela est-il possible ici ? Et comment est-il possible que ce lien ait duré non seulement au cours de douze années de « relations très proches », mais qu'au fond il persiste aujourd'hui encore[69] ?

Ne me dites pas, je vous en prie, que des choses semblables sont arrivées à tout un tas d'intellectuels allemands, car ça ne colle pas. Soit ces régimes avaient peur, à juste titre, et ils se sentaient par conséquent obligés d'introduire les sentiments qui correspondaient selon eux ; en d'autres termes, ils ne pouvaient pas se résoudre à être cyniques et à préserver ce faisant un reste de caractère. Ou alors ils se sont laissé prendre au piège de leurs propres constructions[70]. Ils ne voyaient pas véritablement Hitler, mais la représentation qu'ils se faisaient de Hitler. On ne peut pas dire qu'ils aient aimé Hitler, et tous ont été également très déçus que Hitler soit différent de ce qu'ils pensaient. Speer n'avait qu'une chose en commun avec eux, à savoir une absence de responsabilité abyssale, le fait de s'engager sans avoir lu *Mein Kampf*. Ce n'a pas été le cas de tous.

Tout cela, monsieur Fest, uniquement pour vous dire de quoi j'aimerais m'entretenir avec vous. Vous devez en savoir plus sur ce sujet que n'importe qui d'autre. Ce que vous dites concernant Speer, à savoir que dans une certaine mesure, « pour son malheur, il a toujours été aimé », est une remarque tout à fait juste, car moi-même je ne puis m'en défendre : l'homme me plaît, mais je ne parviens pas à le comprendre.

En ce qui concerne la contribution pour le *Spiegel* : je ne crois pas avoir quoi que ce soit susceptible de vous intéresser. En tout cas rien de ce sur quoi je travaille actuellement – je suis quelque peu revenue à la philosophie[71]. La seule chose, mais il n'en est certainement pas question, est un long essai sur la « Désobéissance civile », une conférence que j'ai donnée il y a quelques mois lors d'une journée d'études chez des juristes, et qui vient d'être publiée dans le *New Yorker*[72]. Vous pouvez vous procurer sans difficulté le numéro (12. 9). Il est tellement ciblé sur la situation américaine que je doute qu'il vous intéresse.

Saluez monsieur Gaus et recevez également mes salutations,

Votre

[Hannah Arendt]

(11) Joachim Fest à Hannah Arendt, 5 janvier 1971.

Hambourg-Kleinflottbek, le 5 janvier 1971

Chère Madame Arendt,

Aucun des différents projets de voyage aux États-Unis ne s'est concrétisé, c'est pourquoi je ne veux pas différer plus longtemps ma réponse à votre lettre. Je le fais non sans pousser un soupir de regret car je crains que nous n'aboutissions à rien épistolairement au sujet de Speer, mais nous pouvons peut-être progresser.

Je comprends vos objections et ce que vous décrivez comme une absence de réponse l'est dans une certaine mesure également[73]. Au cours des différentes rencontres que j'ai eues avec lui, j'ai toujours cherché à découvrir comment il s'était perçu au sein de cet entourage. En fait il est très facile de comprendre comment il est tombé sur Hitler et tout le gang. Notre stupéfaction provient bien plutôt du fait qu'il ait mis autant de temps à prendre ses distances intérieurement. (Ici aussi on a du reste l'impression qu'il n'a découvert l'amoralité du régime qu'à partir du moment où Hitler l'a désavoué, qu'il a été déçu par lui sur le plan personnel, et qu'il l'a laissé à moitié tomber.) À aucun moment Speer n'a pu répondre de façon vraiment satisfaisante aux questions insistantes que monsieur Siedler et moi-même lui posions[74]. Un jour, après une promenade qui a duré plusieurs heures, où nous l'avions poussé dans ses derniers retranchements, il nous a dit de façon très naïve en faisant un geste d'autoaccusation : « Ah, vous ne pouvez pas savoir quelle ivresse et quelle absence de pensée étaient les miennes à l'époque ! »

Or, de telles réponses morales sont toujours les dernières réponses et c'est pourquoi elles ne sont absolument pas satisfaisantes. Moi-même, une fois que j'ai appris à connaître la personne, j'ai écarté ma thèse initiale selon laquelle il n'aurait agi qu'en technocrate. Mais je pense en outre que le management lui a cependant servi pendant longtemps de moyen de s'enivrer.

De surcroît, contrairement à ce que vous écrivez, il n'est jamais devenu nazi. C'est pour cette raison qu'il n'a jamais lu *Mein Kampf*. La fascination était fluctuante : ce qui comptait pour Speer, c'était uniquement sa relation personnelle à Hitler. Entrait sûrement en jeu une composante homosexuelle prononcée. Je vous ai déjà écrit que selon moi sa tragédie fut d'avoir toujours été aimé. Et ce qui est encore plus fâcheux, c'est qu'il a en même temps toujours voulu être aimé. Il était simplement trop faible pour résister à la séduction émotionnelle de Hitler*. Il ne fait

* Voir sur la prétendue « aura » ou le « fluide émanant » de Hitler, la critique acerbe à laquelle se livre Eric Voegelin du portrait brossé par l'historien médiéviste Percy Ernst Schramm (voir note 34 de la Postface de la traductrice) dans une série d'articles parus à partir de janvier 1964 dans le *Spiegel*, sous l'intitulé « Anatomie d'un dictateur », in *Hitler and the Germans*, University of Missouri Press, 1999 [*Hitler et les Allemands*, trad. de l'allemand par Mira Köller et Dominique Séglard, Avant-propos de Tilo Schabert, Paris, Seuil, 2003, p. 34 *sq*.] Ce cours qu'Eric Voegelin – émigré depuis 1938 aux États-Unis – professa en allemand en 1964 à l'Université de Munich où il fut appelé en 1958 à la chaire de Max Weber laissée vacante, a tout d'abord été publié en anglais puis en français. La traduction française a été établie à partir de l'enregistrement sonore. Une édition allemande, *Hitler und die Deutschen*, Munich, Wilhelm Fink Verlag, a vu le jour en 2006.

en outre aucun doute que le besoin d'être honoré et distingué, de disposer de possibilités vertigineuses, de se trouver dans l'entourage du pouvoir, et d'avoir lui-même du pouvoir, entrait en ligne de compte. Speer n'a jamais été le spécialiste dépourvu du sens de la réalité, le rêveur idéaliste tel que je l'ai moi-même perçu à un moment. Ces traits étaient bien plutôt mêlés à une ambition très ferme, à une soif de réussite exacerbée, et il est caractéristique qu'il ne puisse pas tout à fait réprimer dans son livre un sentiment de fierté rétrospective à l'idée que Hitler aurait à un certain moment vu en lui un successeur – ce que je tiens pour ma part pour douteux, à moins qu'il ne se soit agi d'un propos d'humeur. Un jour, alors que nous travaillions ensemble, un document nous est tombé entre les mains dans lequel son collaborateur Saur[75] menaçait de représailles barbares un certain chef d'entreprise au cas où une panne quelconque se reproduirait, j'ai demandé à Speer s'il lui était également arrivé de s'exprimer sur ce ton brutal. Il l'a catégoriquement nié. J'ai ensuite été très étonné lorsque trois mois plus tard il m'a téléphoné pour me dire qu'il devait rectifier cette affirmation. Il venait en effet de découvrir dans les archives fédérales de Coblence un document dans lequel il s'était exprimé de manière tout aussi impitoyable, encore que sur un ton plus distingué, lors d'une occasion semblable. Cette découverte l'avait beaucoup bouleversé et ne lui avait laissé aucun repos. J'ai trouvé et je trouve toujours que ce comportement est remarquablement sincère, qu'il témoigne d'une certaine rigueur à l'égard de soi-même. Ce qui est fâcheux, c'est selon moi qu'on ait justement besoin de tels hommes et de leur genre de sincérité pour mettre en place un système totalitaire.

Je me suis permis lorsque Speer est passé me voir dernièrement de lui montrer certains passages de votre lettre. Cela l'a rendu songeur et il a pensé que les difficultés de compréhension provenaient certainement du fait qu'il avait décrit le Speer de l'année 1938 à partir de la perspective de l'année 1968. L'un contemplait l'autre comme s'il était détaché de lui-même, à la manière d'un personnage : celui qui est décrit n'aurait pas possédé les critères, les valeurs, la sensibilité morale de celui qui écrit. Cela induirait inévitablement le lecteur en erreur. Et en dépit de mon insistance permanente et de mes efforts d'inquisition, il n'aurait pas non plus été capable de rendre à la vie le Speer de l'époque, dans sa bêtise crédule, tel qu'il fut réellement…

On ne peut pas vraiment dire que Speer se serait laissé corrompre, car il n'a renoncé à aucune valeur en faveur de Hitler. Il n'aurait pas non plus été piégé dans ses propres idées, car, à vrai dire, il n'en avait absolument aucune. C'est bien plus Hitler qui, comme toujours lorsqu'il voulait gagner, l'a tout simplement conquis et possédé, et Speer n'a rien eu à lui opposer. Et il ne s'agit pas là seulement de son problème individuel. Mais peut-être d'un problème humain : qui peut donc bien opposer une résistance dans de telles circonstances ? Il s'agit d'un problème qui, en définitive, touche la société civile.

Il y aurait beaucoup à dire à ce propos, mais il faudrait prévoir de discuter de vive voix de ce sujet. Avez-vous déjà une idée de la date à laquelle vous serez en Europe cette année ? Il y a aussi naturellement des choses beaucoup plus complexes concernant Hitler dont j'aimerais parler avec vous. J'espère que, si vous venez, ce sera envisageable.

Dans cette attente,

Comme toujours

Votre Joachim Fest

(12) Hannah Arendt à Joachim Fest, 11 février 1971.

[New York], le 11 février 1971

Cher Monsieur Fest,

Grand merci pour votre lettre qui m'a beaucoup intéressée. L'« absence de pensée » est assurément une réponse peu satisfaisante mais c'est probablement la seule qui soit juste*. À partir de là se pose la question de savoir comment on a pu en venir à cette absence de pensée[76]. Eh bien, « en raison de l'ivresse », et chez Speer, cette ivresse a essentiellement été provoquée de manière incompréhensible mais indubitable par sa relation personnelle à Hitler. La « composante homosexuelle » que vous avancez m'a intéressée. Cela expliquerait naturellement bien des choses.

J'aimerais bien m'entretenir à nouveau avec vous sur tous ces sujets et peut-être en trouverons-nous l'occasion, car j'ai l'intention de venir en Europe vers avril-mai[77]. Où serez-vous à cette date-là ? Compte tenu de votre livre sur Speer, j'aimerais également à nouveau m'entretenir avec vous sur Hitler.

* Voir p. 16 de l'Introduction.

Saluez, je vous prie, monsieur Gaus, avec lequel j'ai passé ici une soirée fort agréable[78].

Je vous adresse mes salutations

Votre

[Hannah Arendt]

(13) Joachim Fest à Hannah Arendt, 23 mars 1971.

Hambourg-Kleinflottbek, 23 mars 1971

Chère Madame Arendt,

Je vous remercie de tout cœur pour votre lettre. J'espère moi aussi que nous trouverons une possibilité de nous voir au cours de votre voyage en Europe. Donnez-moi je vous prie quelque précision, dès que vous connaîtrez votre itinéraire, en ce qui concerne la date à laquelle je pourrais vous rencontrer. Je pense que nous avons beaucoup de sujets à discuter et je m'en réjouis.

De tout cœur,

Votre

Joachim Fest

(14) Hannah Arendt à Joachim Fest, 29 mars 1971.

[New York,] le 29 mars 1971

Cher Monsieur Fest,

Grand merci pour votre lettre du 23 mars. Mon itinéraire est à peu près établi. Je pense être à Zurich dans la seconde moitié du mois d'avril (vers le 18), puis début mai à Munich, et la deuxième semaine de mai à Cologne[79]. Voilà quelles seraient à peu près les possibilités de me joindre. Je vous suggère de m'adresser un mot à Zurich aux bons soins de l'American Express. Donnez-moi également peut-être un numéro de téléphone où je puisse vous joindre.

Cordialement, votre

[Hannah Arendt]

(15) Joachim Fest à Hannah Arendt, 15 avril 1971.

[Hambourg, le] 15 avril 1971

Chère Madame Arendt,

Je vous remercie de tout cœur pour votre lettre. Après avoir arrangé ou modifié mes derniers rendez-vous, la meilleure possibilité serait que je vienne passer une journée à Zurich dans la seconde moitié du mois d'avril. Voulez-vous me dire quel jour vous conviendrait le mieux ? Je pense qu'il serait préférable de fixer notre rendez-vous par téléphone ; mon numéro à Hambourg est le 82 46 59, et dans la journée le 86 93 80.

Je ne sais pas si vos projets vous empêchent absolument de vous rendre à Hambourg, mais, lorsque j'ai lu que vous alliez jusqu'à Cologne, j'ai pensé que vous auriez peut-être le temps et l'envie de faire un crochet par Hambourg[80]. Dans la journée nous pourrions faire une petite promenade au bord de l'Elbe, et le soir j'inviterais volontiers quelques amis[81] (Augstein, Gaus, Gross, Siedler et d'autres) en votre honneur. Voulez-vous y réfléchir ?

Je vous adresse comme toujours mes salutations cordiales

Votre

Joachim Fest

(16) Joachim Fest à Hannah Arendt, 1er octobre 1973.

Chère Madame Arendt,

Je vous adresse enfin mon livre sur Hitler[82]. J'espère que vous le trouverez meilleur que Helen Wolff, qui n'en fait manifestement pas grand cas[83].

Très cordialement,

Votre Joachim Fest

(17) Hannah Arendt à Joachim Fest, 18 décembre 1973.

New York, le 18 décembre 1973

Cher Joachim Fest,

Je vous remercie infiniment pour le HITLER et vous prie de m'excuser de n'avoir pas encore pu le lire. Je suis prise dans un tourbillon d'obligations et je ne peux pas m'attaquer à quelque chose d'aussi gros[84]. J'ai lu vos brèves réflexions préliminaires sur la grandeur historique, et à ce sujet une remarque que Brecht a ajoutée dans *La Résistible Ascension d'Arturo Ui* m'est venue à l'esprit. Souvenez-vous de l'Épilogue :

« Vous apprenez à voir, plutôt que de rester
Les yeux ronds. Agissez au lieu de bavarder.
Voilà ce qui pour un peu aurait dominé le monde
Les peuples en ont eu raison mais il ne faut
Pas nous chanter victoire, il est encore trop tôt :
Le ventre est encore fécond, d'où a surgi la bête immonde[85]. »

Brecht a écrit à titre explicatif : « Il faut écraser les grands criminels politiques : et les écraser sous le ridicule. Car ils ne sont surtout pas de grands criminels politiques, mais les auteurs de grands crimes politiques, ce qui est tout autre chose. [...] Pas plus que l'échec de ses entreprises ne fait de Hitler un imbécile leur étendue ne fait de lui un grand homme[86]. »

Il me semble que cela met bien le doigt sur ce qui est en question, et le fait qu'il ait eu cette idée si tôt parle vraiment en faveur de Brecht.

J'ai ensuite pensé que vous ne connaissiez peut-être pas ce poème de Gottfried Keller, qui relève de vos considérations, puisqu'il passait de main en main parmi les résistants[87].

Helen Wolff m'a laissé entendre que votre malentendu s'était dissipé[88].

Je me propose de lire vraiment votre livre dès que j'en aurai le temps.

Avec mes meilleurs souhaits
Votre
[Hannah Arendt]

Annexe à la Lettre n° 17

LES CALOMNIATEURS PUBLICS

Gottfried Keller

De la vermine se tasse
Au milieu de la poussière et de la boue durcie
À l'abri des regards, comme la flamme
Dans des cendres volantes.
Il suffit d'une pluie, ou du souffle du vent,
Seulement, pour ranimer cette vie néfaste,
Et pour faire surgir du rien
Des épidémies, de la braise et de la fumée.

Le brigand quitte sa tanière sombre,
Et s'en va en vadrouille ;
Il vise les bourses, mais
Aperçoit valeur bien supérieure :
Il trouve du litige
Pour rien, un savoir aveuglé,
Et, sous l'étendard déchiré,
Un peuple abruti.

Il trouve, où il pose son pied,
Le vide des temps arides,
Et un sol qu'il peut fouler sans honte.
Maintenant il devient prophète :
Sur un amas de déchets
Il pose ses pieds de larbin
Et envoie ses saluts
Dans un monde stupéfait.

Vêtu d'infamie,
Tel d'un nuage,
Un menteur devant le peuple,
Il dépasse bientôt de puissance tout
Et chacun grâce au nombre de ses acolytes,
Qui, de bas et d'en haut,
Cherchant leur profit,
S'offrent à son choix.

Ils distribuent sa parole,
Comme jadis les messagers divins
Le firent avec les cinq pains
Sans frontière ni limite.
Et si d'abord ce ne fut que le chien à mentir,
Maintenant ils sont légion.
Et telle une tempête qui se trame
Foisonnent ses talents.

Les semences se lèvent,
Le pays se voit transformé,
La foule vit en honte
Et se rit de l'infâme entreprise !
Et devient vérité,
Ce que l'on avait inventé de prime abord :
Les bons ont disparu,
Les mauvais sont en rang !

Lorsque, un jour, ce danger,
S'allongeant comme une stalactite,
Sera rompu, on en parlera

Comme de la Mort noire ;
Et les enfants érigeront sur les champs
Un homme de paille,
Pour brûler souffrance et horreur
Dans le plaisir et la lumière.

(trad. par Patrik Alac)

À propos de la controverse autour du livre de Hannah Arendt *Eichmann in Jerusalem*

Remarque liminaire

Nous reproduisons ci-après quatre contributions qui ont alimenté la controverse autour du livre *Eichmann in Jerusalem.* Notre choix s'est orienté en fonction de l'entretien et des lettres échangés entre Hannah Arendt et Joachim Fest proposés dans cette édition. La déclaration du Conseil des Juifs d'Allemagne a lancé la controverse en mars 1963 et donné le ton des prises de positions critiques, surtout dans le milieu des organisations juives. La contribution de Golo Mann touchait les aspects sensibles de l'« émigration intérieure » et de la résistance qui ont trouvé un vaste écho essentiellement dans les débats de la République fédérale. Mary McCarthy s'est prononcée en faveur de son amie Hannah Arendt ; elle concrétise les « Geschrei und Gezeter » – telle est la traduction en allemand du titre original « The Hue and Cry* » – qui ont dominé la controverse du côté de l'Atlantique depuis la publication de la déclaration du Conseil des Juifs d'Allemagne. Reinhard Baumgart a répondu à *Eichmann in Jerusalem* avec un certain recul temporel ; dans sa « Postface », il attire l'attention sur la dimension philosophique du livre, qui perdure par-delà la controverse.

U. L. et T. W.

* Nous traduirons pour notre part : « Le tollé ».

Avertissement

Dans le volume allemand tel qu'organisé par Ursula Ludz et Thomas Wild figure, p. 113-126, entre l'article du Conseil des Juifs d'Allemagne et « Le tollé » de Mary McCarthy, un article de Golo Mann, intitulé « Der verdrehte Eichmann » [L'Eichmann déformé]. Golo Mann (1909-1994), troisième fils de Thomas Mann, s'exila aux États-Unis pendant la guerre. De retour en Europe, il enseigna les sciences politiques à l'université de Stuttgart jusqu'en 1964. Cet article, qui donna le coup d'envoi à la controverse en République fédérale d'Allemagne, fut publié pour la première fois en 1963 dans *Die Neue Rundschau*, n° 4/1963 puis repris dans *Die Kontroverse : Hannah Arendt, Eichmann und die Juden*, Munich, 1964. Malgré tous nos efforts, nous n'avons pas réussi à en négocier les droits. C'est la raison pour laquelle il manque dans le volume français.

A. B. et B. C.

Karl Jaspers ayant appris l'existence de cet article « très virulent » confesse avoir été « empli de tristesse » avant même de l'avoir lu, et se demande s'il n'existerait pas une « solidarité des littérateurs » qui, par-delà les injures, ressort lorsque l'un d'entre eux écrit « non pour montrer son talent mais parce qu'il cherche la vérité et a quelque chose à communiquer à partir du plus profond de son expérience. [...] Quelque chose s'est brisé entre Golo et moi. [...] Cela me fait mal. Je l'aimais bien, je l'aime toujours », écrivait-il à son amie Hannah Arendt le 13 décembre 1963.

Hannah Arendt, pour sa part, qui semblait n'avoir que « survolé » l'article, fidèle à sa ligne de conduite, n'estima pas utile de se défendre : « Que doit-on faire au juste contre la méchanceté pure et sans fondement ? [...] [(]Sur le plan personnel, tout cela m'est parfaitement indifférent, car je le connais à peine et n'apprécie pas outre mesure ce qu'il écrit) », répond-t-elle à Joachim Fest le 13 août 1964 lorsqu'il l'informe de la notoriété publique qu'a acquise cette critique.

L'article de Golo Mann se caractérise en effet par son ton extrêmement persifleur et méprisant à l'égard des prétendues « contradictions » qu'il dénonce de celle qui s'est autoproclamée juriste : nécessité d'une cour de justice de l'humanité pour ce crime sans précédent ou, à défaut, d'un tribunal comptant des juges de tous les pays ravagés par l'Allemagne, mais impossibilité de le rassembler ; le jugement aurait dû être fondé sur une loi internationale, laquelle n'existe pas ; si, contrairement à Golo Mann, Hannah Arendt est d'accord avec l'exécution d'Eichmann, en revanche elle ne l'est pas avec le jugement, qu'elle aurait formulé autrement.

La prétendue découverte d'Arendt – Eichmann n'était ni un monstre, ni un sadique, pas même un ennemi fanatique des Juifs – n'en est pas une, François Bondy l'ayant déjà écrit à peu près dans les mêmes termes dans un article d'*Encounter* datant de novembre 1961 : « On Misunderstanding Eichmann ». Plaçant l'ordre supérieur qu'incarnait

Hitler au-dessus du commandement de Himmler qui, à ses yeux, rompait avec la loi, Eichmann serait ce « soldat qui n'obéit pas », et « madame Arendt trouve "extrêmement embarrassante" la ressemblance entre cette attitude qui est la sienne et celle exigée par la morale occidentale ; et elle n'est pas peu fière de son argument qu'elle a délicatement tissé et dans lequel elle se reconnaît effectivement comme nulle autre ».

S'agissant des faits du « chapitre le plus sombre de toute cette sombre histoire », à savoir la participation passive et active des Juifs à leur propre destruction, Golo Mann ne manque pas de souligner l'emprunt d'Arendt au livre de Raul Hilberg, *La Destruction des Juifs d'Europe*, en soulignant aussi qu'elle va ici beaucoup trop loin lorsqu'elle affirme que la « distinction ferme entre bourreaux et victimes » aurait dû s'effondrer si l'on avait vraiment eu le courage d'analyser en profondeur cet aspect à Jérusalem : « Un pas de plus, et les Juifs auraient eux-mêmes été leurs propres bourreaux et assassins, tandis que quelques nazis n'y auraient participé que fortuitement. Peut-être entendrons nous cela sous peu en Allemagne » ; et la défense, ajoute-t-il, ne manquera pas de s'en emparer lors des procès à venir contre les criminels de guerre allemands.

Golo Mann s'insurge en outre avec véhémence contre la présentation « calomnieuse » et « révoltante » proposée de l'« autre Allemagne », à savoir de la résistance allemande : présenter Jaspers – « qui, du premier jusqu'au dernier jour du Troisième Reich, n'a pas laissé filtrer un seul mot concernant les pouvoirs publics, et dont la résistance était du genre dont Hannah Arendt se moque d'ordinaire : une résistance qui aurait été si intérieure qu'avec la meilleure volonté du monde les gens ne l'auraient pas remarquée » – comme un grand combattant de l'humanité, et passer sous silence Klaus Bonhoeffer et le Père Delp, ainsi que Kurt Huber et tous les autres, n'est que dérision due à l'« ignorance américaine ». Et il en concluait : « Il n'est pas acceptable de prendre le risque que l'édition allemande du livre puisse faire gober un tel bobard. »

S. C.-D.

Le Conseil des Juifs d'Allemagne[1*].

Les réactions des Juifs aux persécutions de l'époque nazie

Le grand nombre d'ouvrages consacrés à la période du régime nazi qui ont été publiés ces dernières années sert la vérité historique et contribue à faire reconnaître son droit. Le Conseil des Juifs d'Allemagne – l'Organisation des Juifs émigrés d'Allemagne – doit cependant constater que des voix se sont fait entendre ces derniers temps au sujet de la recherche et de l'évaluation de la période en question, des voix qu'on se doit de réfuter, au risque sinon d'aboutir à une vision de l'histoire influencée et falsifiée. Tel est en particulier le cas du livre de Raul Hilberg, publié en 1961, *La Destruction des Juifs d'Europe*, ainsi que des articles de Hannah Arendt parus dans le *New Yorker*, qu'elle a ensuite publiés en 1963 dans un livre intitulé *Eichmann in Jerusalem. A Report on the Banality of Evil.* Hannah Arendt croit avoir le droit d'établir que des dirigeants juifs auraient participé à la destruction de leur propre peuple, et que cette participation aurait été d'une importance décisive pour

* Cette déclaration est parue en anglais cette fois-ci dans le numéro d'*Aufbau* daté du 29 mars 1963, sous le titre « Jewish Dignity and Self-Respect. A Statement by the Council of Jews from Germany », p. 7. Elle fait partie d'une série d'articles réagissant à ceux de H. Arendt publiés dans le *New Yorker*, regroupés sous le titre général « Der Sturm um Hannah Arendts "Eichmann" » [La tempête autour de l'"Eichmann" de Hannah Arendt].

l'exécution des plans des nationaux-socialistes. Elle se méprend sur le comportement d'hommes dont l'intégrité et le dévouement ne font aucun doute. Sa propre définition de l'essence du régime totalitaire par la terreur réfute nombre de ses interprétations. En ce qui concerne certaines de ses affirmations, ses sources demeurent en partie totalement inconnues : sa propre formulation témoigne parfois qu'on ne peut pas fournir de preuve à l'appui des accusations ; et, pour une petite partie d'entre elles, ces accusations s'appuient sur une généralisation inadmissible à partir de cas particuliers. La conclusion que tire l'auteure à partir de remarques infondées est tout à fait irresponsable : d'après elle, si les Juifs n'avaient pas eu de dirigeants, le nombre total de victimes juives ne se serait pas élevé à cinq ou six millions.

En ce qui concerne l'Allemagne elle-même, force est de constater que si plus de 250 000 Juifs – soit à peu près la moitié des Juifs qui vivaient en Allemagne au début de la domination nazie – ont pu être sauvés, c'est en premier lieu grâce à l'efficacité des organisations et des communautés juives. Employer le mot de « coopération », si discrédité sur le plan moral, pour qualifier les efforts qu'ont déployés les dirigeants et les fonctionnaires de ces organisations en négociant avec les pouvoirs publics allemands – il n'y avait pas d'autre partenaire pour la négociation – afin de rendre le sort des Juifs plus supportable et surtout pour permettre tant la formation et la restructuration professionnelles que l'émigration, est d'une injustice amère. Ces efforts en vue de l'émigration ont trouvé leurs limites compte tenu de l'absence de bonne volonté de la plupart des États à accueillir en nombre suffisant les Juifs émigrant d'Allemagne.

Une fois la guerre déclenchée, et en particulier après l'entrée en guerre des États-Unis, le gouvernement nazi a commencé à mettre en œuvre son plan d'extermination physique des Juifs. Hannah Arendt décrit de manière impressionnante l'inhumanité et la minutieuse précision avec laquelle l'appareil totalitaire a procédé. L'obtention, par les moyens les plus brutaux, de la participation contrainte des chefs et des fonctionnaires des communautés juives à la mise en œuvre technique des ordres donnés aux communautés faisait également partie de ce système. En dépit de cette situation sans précédent, de nombreux fonctionnaires juifs ont cherché à lancer des contre-offensives ou à opposer une résistance secrète, bien qu'on ne puisse fournir aucun document pour en attester. Les hommes et les femmes de la *Reichsvertretung**, l'Organisation centrale des Juifs allemands, et de nombreux dirigeants des communautés juives sont restés à leurs postes au mépris de leur propre sécurité ; presque tous ont péri, beaucoup d'entre eux ont été tués, comme les otages exécutés à Berlin en 1943, parce que les ordres des autorités nazies n'avaient pas été pleinement suivis. Il n'appartient pas à ceux qui n'y étaient pas de prononcer un jugement moral sur ce terrifiant chapitre. Affirmer que s'il ne s'était pas servi des Juifs le régime nazi n'aurait pas

* La *Reichsvertretung der Deutschen Juden* (Représentation des Juifs allemands dans le Reich) fut créée en 1933 après la prise de pouvoir par les nazis. Elle fut dirigée par le rabbin Leo Baeck et Otto Hirsch. En 1935, les autorités gouvernementales exigèrent qu'elle prenne le nom de *Reichsvertretung der Juden in Deutschland* (Représentation des Juifs en Allemagne).

pu atteindre son but diabolique est parfaitement absurde pour n'importe quelle personne sensée*.

Le Conseil des Juifs d'Allemagne prépare toute une série de publications destinées à exposer quelle était dès le départ la situation des Juifs sous la domination nazie, et les problèmes fatidiques auxquels ils étaient confrontés. Elles montreront comment les Juifs allemands se sont organisés en mobilisant avec la plus grande énergie toutes les forces morales et matérielles pour s'entraider, et comment ils sont parvenus à maintenir, dans les circonstances les plus difficiles, l'estime et le respect qu'ils se devaient à eux-mêmes.

* Voir *Eichmann in Jerusalem*, *op. cit.*, p. 218-219/ *E à J.*, p. 1139, où H. Arendt soutient une thèse très contestée selon laquelle si le peuple juif n'avait effectivement pas été organisé, c'est-à-dire s'il avait été dépourvu de dirigeants, le nombre total de victimes aurait été inférieur à six millions.

Mary McCarthy

Le tollé[2*]

La rédaction de *Die Welt* avait fait précéder l'article de la notice suivante :

« Aucun rapport concernant le procès contre Adolf Eichmann n'a trouvé un écho aussi passionné que le livre de Hannah Arendt, *Eichmann in Jerusalem. Von der Banalität des Bösen.* Le livre qui a été publié en mai 1963 par la célèbre maison d'édition new-yorkaise The Viking Press et dont *Die Welt* a rendu compte de manière détaillée le 30 novembre 1963 a suscité un flot de réactions unanimes dans leur rejet des thèses de Hannah Arendt. Mary McCarthy, une amie non juive de l'auteure, qui, elle, est juive, s'est engagée dans le débat en publiant un article dans la revue américaine trimestrielle *Partisan Review.* Cet article, qui est à notre avis bien supérieur à la plupart des autres contributions au débat, est particulièrement remarquable – en raison du fondement strictement éthique de son accord avec le Rapport de Hannah Arendt –, et, à ce titre, il nous paraît en constituer une excellente paraphrase. Nous reproduisons ci-dessous l'article de Mary McCarthy dans la mesure où il revêt une importance particulière en ce moment précis où les éditions Piper publient le livre de Hannah Arendt en Allemagne. »

* La version allemande de ce document, due à Curt Meyer-Clason, proposée dans la présente édition s'intitule « Ein Dokument ethischer Verantwortung : Zu Hannah Arendts Bericht Eichmann in Jerusalem » [Un document sur la responsabilité éthique : à propos du rapport de Hannah Arendt *Eichmann in Jerusalem*]. Nous avons pris le parti de traduire à partir de l'original américain remanié et définitif de Mary McCarthy tel qu'il a été publié dans la *Partisan Review,* hiver 1964, p. 82-94, tout en signalant entre < … > les changements par rapport à la version allemande.

Lorsque j'ai lu *Eichmann in Jerusalem*[*] l'hiver dernier dans le *New Yorker*, je l'ai trouvé excellent et extraordinaire[**]. Je n'ai pas changé d'avis. Mais apparemment c'est parce que je fais partie des gentils[***]. N'étant pas juive, je ne « comprends » pas. Pas plus d'ailleurs qu'aucun de mes amis ou de mes relations parmi les gentils qui m'en parlent à mi-voix : « Est-ce que *toi* tu as compris cela ? » « Non. » Les seuls gentils à avoir « compris » et à s'être exprimés sont des cas plutôt particuliers : le juge Musmanno qui était attaqué dans le livre, le professeur Trevor-Roper, un expert incontesté de l'histoire du nazisme sous sa forme populaire, et Richard Crossman, membre du Parlement qui a défendu l'État d'Israël depuis 1946 et qui passe l'hiver à Tibériade. Autant que je sache, tous les comptes rendus hostiles émanaient de Juifs, tandis que ceux qui lui étaient favorables étaient dus à des gentils, à quatre exceptions près : A. Alvarez, George Lichtheim, Bruno Bettelheim et Daniel Bell.

Le désaccord entre Juifs et gentils est encore plus prononcé dans les conversations privées où un gentil dès que le sujet est abordé en présence de Juifs – ce qui est toujours le cas – se retrouve semblable à un enfant qui ne saurait pas lire dans une classe de lecteurs normaux ou vice versa. Tout se passe comme s'il fallait chausser une paire de lunettes juives spéciale pour que le « véritable dessein » d'*Eichmann in Jerusalem* apparaisse. < Et des propagandistes

* Le titre *Eichmann in Jerusalem* renvoie cette fois-ci à l'original anglais de Hannah Arendt.

** Voir note 19 de l'Introduction, p. 181.

*** Les non-Juifs.

tels Lionel Abel* dans la *Partisan Review*, à l'été 1963, ou Marie Syrkin dans *Dissent*** > ont proposé avec empressement leur paire de lunettes au lecteur afin qu'il puisse jeter un coup d'œil furtif dans les arrière-pensées de madame Arendt. < Madame Syrkin a intitulé son article > « Les habits de l'impératrice », annonçant ainsi qu'elle va percer à jour les intentions de madame Arendt, les exposer dans toute leur nudité. De manière plus grossière, ses adversaires la « mettent à nu » en privé en la présentant comme une antisémite, et une histoire colportée par un journal raconte que la femme d'un responsable israélien à New York se plaît à l'appeler « Hannah Eichmann » – ce qui n'est bien sûr qu'un lapsus.

Des critiques de salon plus modérés évoquent la « morgue » ou la « démesure » avec laquelle elle traite des Conseils juifs, tout en concédant que madame Arendt n'est évidemment ni une antisémite ni une admiratrice d'Eichmann. Mais il ne s'agit là que de *concessions* : ces

* On notera que dans cette première esquisse Lionel Abel, à la critique duquel Mary McCarthy réplique ici plus particulièrement, n'est pas nommément mentionné, le texte évoquant plutôt « l'adversaire » ou « les adversaires ». Dans une lettre adressée à Mary McCarthy le 20 septembre 1963, Hannah Arendt lui annonçait qu'elle n'avait pas l'intention de répliquer directement à la critique de Lionel Abel, car elle estimait que « cet article se situe dans le contexte de la campagne politique, ce n'est pas de la critique et il ne s'applique donc pas vraiment à mon livre ». Elle n'en avait pas moins noté à l'intention de Mary McCarthy « un certain nombre d'arguments contre [l'article d'Abel] » – une « réfutation en treize points », qu'elle lui adressa. Voir Hannah Arendt-Mary McCarthy, *Correspondance*, *op. cit.*, p. 225-226 et p. 234. Tout en regrettant que son amie ne réponde pas directement, Mary McCarthy se décida alors à envoyer un article à la *Partisan Review*, un texte qu'elle avoue avoir eu du mal à rédiger tant le texte d'Abel était « tortueux », voir *ibid.*, p. 227-228 et p. 238.

** Marie Syrkin, sioniste ardente, éditrice de *Jewish Frontier*, sympathisante du mouvement Peace Now, représentante après la guerre du B'nai Brith auprès des déportés dans les camps allemands, proche de Golda Meir, avait déjà publié un article contre Hannah Arendt intitulé « Miss Arendt Surveys the Holocaust », dans *Jewish Frontier*, 7-14 mai 1963.

Juifs, dont beaucoup revendiquent être des amis de l'auteure, s'intéressent davantage à énumérer les défauts de son livre qu'à repousser les calomnies qui circulent à son sujet, bien qu'ils sachent qu'il s'agit là de calomnies. Ces calomnies, qu'ils entendent sans cesse et qui visent à détruire la réputation d'une femme vivante, les excitent beaucoup moins que la « calomnie » dont madame Arendt s'est rendue coupable s'agissant des dirigeants juifs, qui eux sont morts et qui ne peuvent donc plus être blessés, à supposer qu'il s'agisse là d'une calomnie. On m'a rapporté que, lors d'une réunion organisée sous les auspices de *Dissent* pour débattre du livre de madame Arendt, une seule voix dans l'assistance s'est élevée pour la défendre, et qu'on l'a fait taire[*] ; certains autres Juifs qui étaient présents, bien qu'en désaccord avec ce qui se disait, sont demeurés silencieux. >

C'est dans une telle atmosphère, si éloignée de celle de la liberté d'expression, que la *Partisan Review* a publié l'article de Lionel Abel, « The Aesthetics of Evil » [L'esthétique du mal], en annonçant qu'il ouvrait ainsi un débat, autrement dit que les défenseurs de madame Arendt auraient l'occasion de répliquer. < Le très bon article de Daniel Bell dans le dernier numéro ne constituait pas tant une défense qu'un plaidoyer en faveur d'un armistice >, aussi vais-je me rebiffer, mais c'est le cœur lourd. Premièrement parce que je suis l'amie de madame Arendt, et que les amis sont censés être de parti pris. Deuxièmement parce que je fais partie des gentils et que je crains que ce seul fait

* Il s'agit de l'écrivain Alfred Kazin, que Lionel Abel apostropha en ces termes : « Qui vous a demandé de venir ici ? Qui vous a demandé d'être ici ? », cité *in* Elisabeth Young Bruehl, *Hannah Arendt. Une biographie*, *op.cit.*, p. 473.

réjouisse ses ennemis – tous les gentils ne sont-ils pas antisémites ? Troisièmement parce que je ne pense pas que l'article d'Abel en tant que tel mérite une réponse. Ce n'est à mes yeux qu'un document dans la campagne de haine déchaînée contre madame Arendt, et l'un des pires.

Les deux points sérieux que soulève Abel – a) comment madame Arendt justifie-t-elle les meurtres de masse des Juifs en Ukraine où il n'existait pas d'organisations juives ? b) comment sa critique de la direction juive est-elle compatible avec le tableau de la terreur totalitaire qu'elle brosse dans *Les Origines du totalitarisme* ? – sont entremêlés de tant d'insinuations, d'allusions malveillantes, d'accusations de mauvaise foi, qu'il est difficile de dégager la ligne directrice de son raisonnement de cette masse de plantes rampantes et de la considérer honnêtement. < D'un bout à l'autre il accuse madame Arendt de supprimer délibérément les preuves (« elle doit très bien savoir », etc.) qui ne lui conviennent pas, et il pousse du coude le lecteur afin que celui-ci devine quelle peut bien en être la raison : l'engouement pour ses propres idées, une histoire d'amour et de haine avec le totalitarisme, une préférence pour les bourreaux plutôt que pour leurs victimes, pour les forts plutôt que pour les faibles, pour – pourquoi ne pas le dire ? – les nazis plutôt que Juifs. > En tant que lecteur, Abel prétend qu'Eichmann « s'en sort beaucoup mieux dans son livre que ses victimes ». < Il s'agit là d'un *a priori*, encore que ce soit également sa conclusion à laquelle il est arrivé au terme d'un cercle vicieux – terme qui n'a jamais mieux convenu. « Eichmann est esthétiquement acceptable, et ses victimes sont esthétiquement repoussantes », il termine comme il a commencé. > Il ne fournit aucune preuve à l'appui de cette idée. Il peut, s'il le veut, la défendre en tant qu'impression personnelle. Mais il s'agit là bien plutôt du jugement d'Abel que de celui de madame Arendt : en lisant son livre il a préféré Eichmann aux Juifs morts dans les crématoires. Mon impression a été différente. À chacun son goût.

Mais étant donné qu'Abel n'est pas le seul à insister sur le fait qu'Eichmann a en quelque sorte bénéficié d'un traitement préférentiel <, il faut lui répondre, ne serait-ce que parce qu'il est le porte-parole de ceux qui sont moins instruits et moins doués que lui sur le plan intellectuel >. J'ai du mal à croire que n'importe quel lecteur, si stupide soit-il, pourrait vraiment imaginer que madame Arendt répartit de façon égale la culpabilité entre Eichmann et les Juifs, et encore moins qu'elle considère que la comparaison d'Eichmann aux Juifs morts soit à son avantage. C'est pourtant ce qui est arrivé et c'est ce qu'il s'agit de comprendre.

Avant d'écrire ces lignes, j'ai relu *Eichmann in Jerusalem* aussi objectivement que possible. Mon premier sentiment a été que la partie consacrée à la direction juive n'occupait qu'une petite place dans toute l'histoire que raconte madame Arendt. Elle ne m'avait pas particulièrement frappée, du fait qu'elle n'était pas nouvelle ; quiconque avait suivi le cas Kastner[*] ou avait lu les comptes rendus du livre de Hilberg était au fait de la coopération juive ; une telle coopération n'était bien sûr qu'une autre facette

* Alfred Kastner, président du Conseil juif hongrois, avec lequel Eichmann négocia le départ illégal de quelques milliers de Juifs hongrois vers la Palestine en échange de « l'ordre et [de] la tranquillité » dans les camps. Voir *E à J*, *op. cit.*, p. 1058-1059 *sq.*

de l'histoire que racontent Rousset*, Margarete Buber-Neumann**, Bettelheim*** et d'autres dans la littérature consacrée aux camps : les dirigeants des victimes ont coopéré avec leurs geôliers. Mon premier sentiment s'est révélé exact : dans un livre qui compte deux cent soixante pages, huit sont consacrées à la coopération des dirigeants juifs avec la hiérarchie d'Eichmann, et deux un quart à une discussion sur les catégories de Juifs privilégiés (les anciens combattants, les personnalités célèbres, etc.). Ces deux passages sont assurément critiques, et le second, qui rend compte du comportement non seulement des Juifs, mais des groupes de gentils qui ont exercé une pression sur les nazis afin qu'ils infligent un traitement « spécial » aux Juifs, me paraît le plus dur. En dehors de cela on ne trouve de références à la coopération ou à l'absence de coopération des Juifs qu'en passant.

Or, certains critiques de madame Arendt lui reprochent d'avoir consacré trop de place et d'importance à ce sujet (à quelle aune se mesure l'importance ?) tandis que d'autres, y compris Abel, estiment qu'elle l'a abordé de façon trop brève. La seule manière de satisfaire les deux parties eût été de faire l'impasse totale sur ce sujet, > ce que les Juifs auraient certainement préféré. J'en conclus que ceux qui ont été choqués et peinés par ces « révélations » ne l'ont pas été par le fait lui-même – dont ils

* David Rousset (1912-1997), résistant, déporté, auteur notamment de *L'Univers concentrationnaire*, Paris, Minuit, 1965, « Pluriel », 2010 ; et *Les Jours de notre mort*, Paris, Ramsay, 1988, « Pluriel », 2012.

** Margarete Buber-Neumann (1901-1989), communiste allemande déportée successivement au Kazakhstan et à Ravensbrück, auteure de *Prisonnière de Staline et de Hitler*, 2 vol., Paris, Seuil, 1949 et 1988.

*** Bruno Bettelheim (1903-1990), successivement déporté à Dachau et à Buchenwald, auteur notamment de *Le Cœur conscient*, Paris, Robert Laffont, 1972 [1960].

avaient dû entendre parler, ne serait-ce que vaguement –, mais par le contexte dans lequel il a été intégré. L'audace de madame Arendt a consisté à intégrer ces éléments pénibles dans le contexte de la culpabilité des nazis dont les Juifs estimaient qu'ils ne relevaient pas, car la culpabilité des Conseils juifs est « sans commune mesure » avec celle des nazis. Parler dans un même souffle de la culpabilité d'Eichmann et de la culpabilité des *Judenräte*[*] leur a paru insultant, comme si elle les mettait sur le même plan. Pourtant, à aucun moment madame Arendt ne les met sur le même plan, et comment aurait-elle pu évaluer les activités d'Eichmann si elle avait passé sous silence le rôle joué par les dirigeants juifs, avec lesquels il était constamment en rapport ?

Lorsqu'elle écrit sa fameuse phrase, que l'on cite souvent de façon déformée : « Pour un Juif, le rôle que jouèrent les dirigeants juifs dans la destruction de leur propre peuple est, sans aucun doute, le chapitre le plus sombre de toute cette sombre histoire[**] », elle exprime ainsi la même douleur que ses lecteurs juifs ont éprouvé en lisant son résumé de ce « sombre chapitre » et pour lequel ils sont prêts à la condamner, tel un tyran habitué à condamner à mort le messager porteur de mauvaises nouvelles. Soit dit en passant, le « plus sombre chapitre » ne signifie pas le pire, mais celui auquel il est le plus difficile de faire face pour un Juif.

< En ce qui concerne l'affirmation d'Abel selon laquelle elle aurait dû discuter les mobiles et les raisons des

* En allemand dans le texte : « les Conseils juifs ».
** Voir Lettre 3, note 22, p. 200.

dirigeants juifs, elle indique, comme on pouvait s'y attendre, qu'il en existait toute une gamme, du plus haut jusqu'au plus bas. L'imagination d'Abel, ainsi qu'il le montre, a été tout à fait capable de reconstruire les arguments qui ont dû jouer – ce qui n'excède pas les capacités du lecteur ordinaire. Il est possible que quelques Juifs aient craint que, même si eux-mêmes pouvaient comprendre ces mobiles, d'autres (les gentils ?) en seraient incapables. > Ce que beaucoup de critiques lui reprochent, c'est qu'elle s'efforce de comprendre Eichmann et qu'elle ne consent pas le même effort vis-à-vis des dirigeants juifs. Pourtant leur comportement est tout à fait compréhensible, contrairement à celui des nazis. Ils ont agi comme l'auraient fait les citoyens les plus respectables ; ils ont temporisé, ils ont essayé de ne pas penser au pire, ils ont cherché une formule qui calmerait l'ennemi. Il existe en politique un nom pour un tel comportement, celui d'« apaisement ». < Madame Arendt, dit Abel, ne mentionne pas le caractère petit-bourgeois des Conseils juifs. Elle n'avait pas lieu de le faire. >

Abel prétend que madame Arendt reproche aux dirigeants juifs de n'avoir pas résisté. C'est faux. Elle pose la question de la résistance < aux pages 9 et 10 > de son livre, et elle conclut que toute résistance était impossible*. Mais entre la résistance et la coopération il existait un petit espace au sein duquel une action, ou plutôt une résolution, aurait pu être envisagée. Il se peut que madame Arendt

* Voir également Hannah Arendt-Gershom Sholem, *Correspondance*, *op. cit.*, p. 430 : « Il n'existait pas de possibilité de résister mais il y avait une possibilité de *ne rien faire*. Et pour ne rien faire, il n'était pas nécessaire d'être un saint, il suffisait de dire : Je suis un Juif *poscheter* et je ne veux pas être davantage. »

exagère les dimensions de cet espace, et il est probable qu'il variait d'un pays à l'autre, voire d'une ville à l'autre. L'exemple qu'elle donne du rabbin danois qui rassembla ses ouailles, leur dit la vérité, à savoir qu'ordre avait été donné de les déporter, et qui leur ordonna de se disperser, n'aurait assurément pas pu être suivi avec succès si la population autochtone avait été hostile < et distincte des Juifs tant sur le plan physique que culturel >. Mais en certains endroits, à certains moments, cet exemple aurait pu être suivi.

L'autre célèbre phrase de madame Arendt, selon laquelle sans la coopération des Conseils juifs quatre millions et demi à six millions de Juifs n'auraient pas péri*, me semble tout à fait évidente. Si les nazis avaient été contraints d'utiliser leur propre main-d'œuvre pour sélectionner les Juifs pour les camps d'extermination, pour les dénombrer, pour les rassembler, pour enregistrer leurs biens, etc., non seulement ils auraient rassemblé moins de Juifs, mais ils auraient anéanti leur effort militaire ; si Hitler avait persévéré dans la Solution finale, même au prix de détourner ses troupes, pour la mener à bien, la guerre aurait peut-être pu se terminer un peu plus tôt. Il est évident que le refus de coopérer aurait entraîné de terribles représailles, mais ces représailles auraient à leur tour démoralisé l'armée et la population civile, aussi bien en Allemagne que dans les pays occupés, et il aurait pu en résulter ce que les généraux redoutaient par-dessus tout, à savoir le chaos.

Les nazis ont préféré la Solution finale aux meurtres de masse par fusillade parce qu'elle pouvait être menée à bien

* Voir Lettre 3, note 23 p. 200.

en douceur et de façon efficace, presque paisiblement. Et c'est ce qui a permis non seulement aux Allemands et aux populations des pays occupés, mais aux Juifs eux-mêmes, d'ignorer longtemps quelle était la véritable destination des wagons à bestiaux roulant vers l'Est ponctuellement. Dire cela, ce n'est pas – horrible accusation – « désirer maximiser le rôle des dirigeants juifs dans la destruction des Juifs d'Europe ». Ce n'est pas non plus faire preuve d'un manque d'empathie à l'égard de leur situation désespérée. Réfléchir au passé <, comme Abel devrait le savoir, > n'est pas condamner, il est trop tard pour cela, mais simplement espérer, regretter, fermer les yeux et voir les choses sous un autre angle, admirer, parfois.

En douceur et de façon efficace, presque paisiblement, telle était l'effroyable caractéristique de la Solution finale, pour laquelle Eichmann, l'expert en transport, était l'instrument parfait. Six psychiatres ont bien entendu déclaré qu'il était normal ; c'*était* un individu normal, moyen, et par conséquent parfaitement adapté à ce travail, qui consistait à « faire tourner les roues en douceur », au sens à la fois littéral et figuré. Il avait pour fonction de normaliser la Solution finale. < Avec sa vanité et sa vantardise, ses clichés maison pompeux et ses « paroles élevées », il était tout à la fois ridicule et ordinaire, car, poussé à son paroxysme, l'ordinaire vire à l'absurde. On ne pouvait pas trouver meilleur exemple de meurtrier de masse qui fût simultanément un homme irréprochable sur le plan familial (le *Monsieur Verdoux* de Chaplin) que l'ineffable Eichmann. L'un de ses avocats a dit qu'il ressemblait à un facteur – quelqu'un que vous croisez chaque jour lors de ses tournées méthodiques et que vous remarquez rarement. > Il était naturellement en bons termes avec les Juifs, cela faisait partie de son métier. Parmi les clichés qu'il avait intégrés à sa personnalité – parler de son « caractère » serait erroné –, on trouvait celui-ci : « quelques-uns-de-mes-meilleurs-amis ».

Qu'il fût capable de pousser ce raisonnement jusqu'à imaginer qu'il s'était converti au sionisme – la Solution finale juive –, c'était là pousser la logique du cliché au summum de la suffisance et de l'illusion. Comment Abel a-t-il pu méconnaître la manière ironique dont madame Arendt parle de sa « conversion » – une ironie dramatique qui plus est, car lorsqu'elle dit au lecteur qu'Eichmann était « rapidement et pour toujours » devenu un sioniste en lisant un « livre fondamental »[*], elle se contente de se faire l'écho d'un locuteur qui n'avait pas la moindre idée de l'effet qu'il produisait sur le public auquel il s'adressait. Eichmann était le seul au monde à se considérer comme un bon disciple de Herzl.

< Selon Abel, Eichmann a dû réfléchir politiquement au nazisme puisqu'il réfléchissait bien au sionisme. Mais la « pensée » d'Eichmann était une parodie de l'idée de pensée. Si *Mein Kampf* avait été sa « Bible », il y aurait inséré une fleur. Ses « études » sionistes avaient une fonction : elles faisaient de lui un expert, du moins dans les cercles dans lesquels il évoluait. Elles lui permettaient de se « démarquer » de ses camarades de travail, ce qui est le but existentiel de tous les médiocres. En tant que spécialiste de l'émigration juive, il était parfaitement apte, quand le moment arriva, à adapter l'émigration juive au nouveau

* Eichmann se vantait effectivement d'avoir lu de manière approfondie *L'État des Juifs* de Theodor Herzl.

monde, à la famille d'Abraham. Parmi ses camarades bureaucrates il aurait pu être le premier à passer l'examen d'aptitude à ce nouveau métier. Un sadique, un monstre ou un démon n'aurait pas été qualifié pour cette fonction ; ces « indésirables » avaient leur place dans le système nazi en tant que geôliers et éditeurs de périodiques, mais un homme avec les responsabilités qui étaient celles d'Eichmann ne pouvait pas être un bourreau de Belsen[*] ni un Julius Streicher[**]. Le fait qu'Eichmann était excessivement délicat, qu'il ne pouvait pas supporter la vue du sang, qu'il était même un idéaliste, l'autorisa précisément à prendre ses distances par rapport à la réalité – une distance qui reflétait l'espace physique et psychique entre la volonté collective du peuple allemand dans la patrie et l'accomplissement de cette volonté à l'Est –, ce qui facilita sa tâche administrative. Eichmann semble avoir été d'un naturel cordial et non pas ce bloc de glace décrit par l'un des témoins, ce qui était fort opportun pour ses relations publiques, car l'un de ses devoirs était de dissiper les soupçons des Juifs et d'autres étrangers avec lesquels il entrait en contact de manière à les tenir eux aussi à distance de la réalité. >

< Abel > pense que madame Arendt n'aurait pas dû attribuer une « valeur positive » au caractère consciencieux d'Eichmann, comme si elle était libre de se forger son propre Eichmann, un personnage imaginaire, alors qu'il

* En septembre 1945 eurent lieu les procès de Lüneburg où l'on jugea 48 tortionnaires : 11 furent condamnés à mort le 14 décembre 1945.

** Julius Streicher (1885-1946) participa au putsch manqué de Munich en novembre 1923. Responsable du journal antisémite *Der Stürmer*, il fut condamné à mort en novembre 1946 lors du procès de Nuremberg.

s'agissait d'un reportage sur le procès. Pour ma part, j'aurais plutôt eu tendance à penser que le caractère consciencieux est une valeur relative. Quoi qu'il en soit, le tableau d'Eichmann en clown consciencieux est apparu à partir du témoignage d'Eichmann bien avant que madame Arendt ait écrit son livre. La réussite de madame Arendt a consisté à concilier ce clown vertueux et ses actions. Le portrait qu'elle a brossé d'Eichmann n'est évidemment pas « définitif » – un tel portrait ne saurait exister –, et il se peut fort bien qu'un jour quelqu'un campe de manière tout à fait différente l'homme tel qu'il s'est révélé dans ses actions. Mais aucun de ses critiques ne s'y est seulement essayé. Dire qu'il était un monstre ne rend pas compte du problème, à moins qu'on n'entende par monstre quelqu'un qu'on ne peut expliquer, ce qui est une manière de dire que le problème est insoluble. < Peut-être Abel pense-t-il qu'Eichmann est un acteur de théâtre ? >

L'un des péchés imputés à madame Arendt est manifestement d'avoir confronté Eichmann à ses actes, non pas en termes pathétiques, mais de manière réaliste et lucide, en écoutant ce qu'il avait à dire et en l'observant. Comme si ce seul fait était dangereux en soi, comme si le proverbe rebattu, tout comprendre c'est tout pardonner, tel qu'on peut fort bien l'imaginer dans la bouche d'Eichmann (car n'attendait-il pas de la « compréhension » de la part de ses juges, par où il entendait sans doute un non-lieu ?), était une vérité établie. La compréhension, il est vrai, prélude souvent au pardon, mais ce sont néanmoins deux choses différentes, et nous pardonnons souvent ce que nous ne pouvons comprendre – car nous ne voyons pas d'autre issue –, et nous comprenons ce que nous ne pouvons pas pardonner. Madame Arendt n'accorde nullement son pardon à Eichmann, en fait elle le condamne elle-même sans équivoque, comme l'atteste son dernier paragraphe. C'est un acte qui peut passer pour de l'arrogance, ou pour le fait d'endosser résolument la tâche de juger en tant qu'individu les actes d'un autre individu, c'est-à-dire de prendre la responsabilité à laquelle Eichmann s'est toujours lui-même dérobé, ce en quoi s'est précisément révélée sa délicatesse excessive et sa médiocrité.

Quelle satisfaction auraient retirée Abel et les autres si madame Arendt avait repris le mot « monstre » de la bouche du procureur ? Qualifier quelqu'un de monstre ne le rend pas davantage coupable, cela amoindrit au contraire sa culpabilité en le plaçant au niveau des animaux et des démons (« une personne d'une cruauté ou d'une méchanceté inhumaine et horrible », telle est la définition que donne l'OED[*], sens 4). Il est plus horrible de contempler un être aussi peu naturel que de contempler un Eichmann – c'est-à-dire que c'est pire au niveau esthétique –, mais sur le plan moral une Ilse Koch[**] était certainement moins coupable qu'Eichmann, car il semble qu'il n'y ait eu en elle aucune trace de sentiment humain et qu'elle était par conséquent dépourvue de toute conscience. < Abel cite un aphorisme de Kierkegaard à propos de Judas, qui montre que Judas était comique, et il semble penser que cela corrobore son raisonnement, puisque, selon lui, Judas était un monstre. Or Judas n'était pas un monstre, même si

* Abréviation pour Oxford English Dictionnary.

** Ilse Koch (1906-1967), épouse de Karl Koch, premier commandant du camp de Buchenwald, était surnommée pour sa cruauté la « sorcière » ou la « chienne de Buchenwald ». Condamnée à la prison à vie, elle se suicida dans sa cellule.

son acte fut monstrueux : c'était un homme, l'un des douze apôtres, et son péché a consisté à trahir pour trente pièces d'argent, comme n'importe quel informateur. C'est Jésus, non Judas, qui était un personnage hors du commun. Et Judas, contrairement à un monstre, savait qu'il avait péché et il est allé se pendre au bout d'une corde. > Eichmann lui aussi savait qu'il était d'une certaine manière coupable, quelque part, « devant Dieu », comme il le dit, tout en tenant ce savoir à distance < ce en quoi le procureur l'aida lorsque, en l'accusant d'actes de cruauté qu'il n'avait pas commis, il lui permit de se sentir innocent. Ce qui est horrible chez Eichmann, c'est précisément qu'il *est* normal, jusque dans sa prompte capacité à se sentir innocent lorsqu'on vous accuse d'un crime que vous n'avez pas commis même si vous avez fait quelque chose de pire, un peu comme quelqu'un qu'on accuserait de meurtre et de vol et qui aurait l'impression d'être une victime du fait que ce n'est pas lui, mais son complice qui a volé la montre, lui n'étant « que » l'auteur du meurtre >.

< Mais supposons qu'il ne s'agisse là que d'une querelle terminologique. Supposons que par « monstre » Abel désigne quelqu'un qui est capable d'assassiner quatre millions et demi à six millions de Juifs. Si telle est la définition, il n'y a pas de débat, on est en présence d'une simple tautologie. Mais s'il veut désigner par là une créature exceptionnellement dépravée et méchante, comme Iago ou Richard III (ce sont ses exemples), alors c'est lui, me semble-t-il, qui échafaude un Eichmann et qui en fait un objet d'intérêt esthétique. >

La difficulté à laquelle ont été confrontées nombre de personnes en réfléchissant au procès Eichmann consistait à trouver un châtiment adéquat au crime. < Abel, ainsi que d'autres > critiques, souhaite ajouter le *criminel* à son crime. De même que tout châtiment paraissait ridiculement minime et insignifiant au regard du meurtre de millions de personnes sans défense, de même le criminel paraissait-il ridiculement petit et insignifiant. Non pas parce qu'il aurait perdu de son importance entre-temps. La disproportion entre l'auteur et son crime est un phénomène perturbant de l'histoire contemporaine – une conséquence du progrès technique, par exemple l'automatisation. Du côté des Alliés, vous étiez confrontés à Hiroshima et Nagasaki, où nos soldats dans les bombardiers et monsieur Truman à la Maison-Blanche paraissaient absolument sans commune mesure avec ce qu'ils avaient accompli. Non que monsieur Truman et Eichmann puissent être considérés à part égale comme des meurtriers de masse ; monsieur Truman avait du moins un mobile qui était bon, à savoir la fin rapide de la guerre. Mais tout simplement l'échelle humaine a été perdue de vue et mesurer un Eichmann au nombre de ses victimes, et son pouvoir individuel à l'aune de leur impuissance multipliée, revient à accorder une importance exagérée à sa personne ainsi qu'à son pouvoir.

Par ailleurs, contrairement à ce qu'affirme Abel, madame Arendt ne présente jamais Eichmann comme un « employé consciencieux » ; ce qu'il faisait était important, crucial dans le plan nazi, et il sentait bien qu'en tant qu'individu sa contribution à la tâche du *Führer* était importante. < Il se peut qu'il ait ou non pensé qu'il était irremplaçable ; s'il l'a pensé il a dû être déçu – une déception que d'autres fonctionnaires nazis ont assurément ressentie, chacun d'entre eux étant effectivement remplaçable à l'échelon le plus bas, quand bien même ne l'étaient-ils pas dans leur ensemble. >

Eichmann était libre d'abandonner sa table de travail et ses « grandes responsabilités » à n'importe quel moment, comme le montre madame Arendt ; personne ne le forçait à faire ce travail particulier. Pour autant, le fait qu'il soit resté à son poste, et le zèle dont il a fait preuve, ne prouve nullement qu'il aimait tuer les Juifs, fût-ce à distance. Le métier de fonctionnaire lui plaisait, il aimait se sentir « nécessaire », et si cela impliquait un certain degré d'abnégation, comme dans son cas, cela lui plaisait davantage encore, étant donné que l'impératif catégorique formulé par Kant, à savoir qu'une action n'est vertueuse qu'à condition de ne pas correspondre à une inclination, lui servait de fil conducteur. Qu'un acte accompli contre sa propre inclination soit par conséquent vertueux, telle fut l'erreur de compréhension, ou peut-être la manière dont Eichmann s'est justifié.

Comme le résume madame Arendt dans un éclair d'intuition fulgurant : « Le mal dans le IIIe Reich avait perdu cet attribut grâce auquel la plupart des gens le reconnaissent généralement, l'attribut de la tentation. » En relisant son livre, il m'a semblé qu'au mépris et au dédain qu'éprouvait madame Arendt pour Eichmann se mêlait dans ce passage une sorte de compassion douloureuse empreinte d'ironie. À cette époque – c'était la fin de la guerre –, Eichmann insistait pour que, conformément à la volonté du *Führer* dont il avait fait sa loi, on poursuivît la politique d'extermination bien après que nombre de ses collaborateurs et de ses supérieurs ayant pressenti la fin s'efforçaient de sauver leur peau en « sauvant » des Juifs. Si je ne m'abuse, elle éprouve alors de la compassion pour Eichmann en voyant à quel point il pouvait continuer à commettre le mal pas simplement à l'encontre même de ses désirs personnels, mais alors que tous les motifs carriéristes avaient désormais disparu : arrêter les transports en direction d'Auschwitz aurait signifié, borné qu'il était dans son aveuglement, céder à une tentation. < Si Abel veut trouver une comparaison dramatique au personnage d'Eichmann, il devrait lire Ibsen. Il y trouverait des « idéalistes » aussi pointilleux, aussi dépourvus d'imagination, et presque aussi dangereux pour l'humanité. > Comme les nigauds d'Ibsen qui invoquent les « exigences de l'idéal », Eichmann était un imbécile <, et ce qui est pitoyable dans l'Eichmann tel que madame Arendt le perçoit, c'est sa cohérence stupide, la manière dont son mécanisme interne, son « âme », continuait à fonctionner comme n'importe quel bon vieux réveil, inconscient du fait que celui-ci était devenu une machine infernale et se fiant uniquement à son tic-tac, signe que tout était normal >.

Et quand bien même madame Arendt, une Juive, aurait éprouvé de la compassion pour Eichmann, est-ce là un péché ? S'agit-il là d'« esthétique » ? Pour un chrétien il s'agit bien plutôt d'éthique ; serions-nous en présence du « point aveugle » du gentil ? Faire preuve de compassion, plus même, pardonner à ses ennemis, sont des préceptes chrétiens. C'est un précepte difficile à mettre en œuvre, et si le lecteur non juif a détecté que madame Arendt faisait preuve de compassion à l'égard du clown qui avait massacré son propre peuple, il n'en aura pas été offusqué, mais empli d'admiration. < Abel > lui objecterait à coup sûr qu'elle n'a pas étendu sa pitié (ou sa charité) aux dirigeants juifs, mais ils n'en avaient pas autant besoin, pas plus qu'il n'était besoin de faire un gros effort pour les comprendre. Nous tous, madame Arendt y compris, éprouvons un mouvement naturel de compassion à leur égard, mais, éthiquement parlant, ce n'est pas cette compassion qui compte, car elle ne dépasse pas ceux qui nous sont proches – la compassion envers soi-même est rarement une vertu –, mais celle qui s'adresse à ceux qui sont les plus éloignés de nous et qui, apparemment, sont hors d'atteinte de toute sympathie humaine. < Tout le monde peut éprouver de la compassion pour les dirigeants juifs, tout en critiquant leur comportement. Mais « critiquer son comportement » ne s'applique guère à Eichmann et, comme le dit le proverbe, il faudrait être un saint pour éprouver de la compassion à son endroit. >

Pour ma part, j'ai trouvé *Eichmann in Jerusalem* stimulant sur le plan moral, en dépit de toutes les horreurs qu'il contient. < Je confesse en toute liberté > que ce livre m'a réjouie, et que j'y ai aussi entendu un hymne – non pas un hymne haineux au totalitarisme, mais un hymne à la transcendance, < une musique céleste, comme le chœur final de *Figaro* ou du *Messie* : à l'instar de ces chœurs, > on assiste à un pardon, à une sorte de rédemption. Le lecteur « s'élève » au-dessus du terrible matériau du procès, il est porté au ciel où son intelligence lui permet d'en prendre une vue d'ensemble. Personne n'est pardonné, mais l'expérience tout entière est ranimée <, rachetée, > comme si on était délivré des tortures de l'enfer.

Il est certes vrai que l'intelligence, la maîtrise de la violence et de la souffrance incohérentes lui donnent son sens, c'est-à-dire sa forme, qui est nécessairement esthétique. Le livre de madame Arendt raconte une histoire. La critique d'Abel méconnaît sur ce point quelque chose de réel. Peut-être est-il encore trop tôt pour que les Juifs acceptent que ce qui est arrivé soit exposé sous la forme d'une histoire. Ils rejettent l'idée selon laquelle leurs souffrances avaient un sens, comportaient une intrigue et une leçon, comme c'est le cas de toutes les histoires.

Pour moi, en revanche, l'intrigue et la leçon me sont apparues presque comme une bénédiction. En tant que lectrice, les épisodes qui m'ont retenue sont ceux qui traitent du sauvetage des Juifs, ceux qui se terminent bien. Ils constituent les traits rédempteurs d'une histoire qui sinon aurait été insupportable : l'histoire des Juifs du Danemark, de Bulgarie et d'Italie. Peut-être les ai-je appréciés du fait que les gentils se comportaient bien dans ces chapitres, mais je pense que c'est surtout parce que ces chapitres montrent qu'il était *possible* de bien se comporter même dans des situations extrêmes, et il faut remarquer que, là où les gentils se sont bien comportés, les Juifs n'ont pas coopéré (exception faite des Pays-Bas).

Pour moi, ce livre est essentiellement une parabole à l'usage des non-Juifs, une leçon concernant ce qui est à la portée de l'homme moyen, notre voisin, lequel n'est pas obligé de s'enfermer chez lui toutes portes closes lorsque les cars de police viennent appréhender les « Juifs » de la porte à côté. Je prends ici le terme Juifs au sens figuré, car tout cela peut se reproduire, il se peut que ce soit le cas en ce moment même, et il se peut également que les Juifs du passé ne soient pas les « Juifs » du présent ou de l'avenir.

Cette parabole, comme toute parabole, se présente sous la forme d'une opposition. À une extrémité on trouve Eichmann, qui représente tous les Eichmann de la bureaucratie nazie, toutes les « petites gens » qui ont demandé après coup : « Mais qu'aurions-nous pu faire ? » Les Danois leur ont fourni une réponse qui aurait été identique quand bien même ne se serait-il trouvé qu'un seul Danois pour porter l'étoile jaune, et qu'il n'eût pas été un roi mais un « petit homme ». Et, de fait, le roi du Danemark n'est pas présenté comme un roi, mais comme l'*autre* voisin, à l'extrême opposé d'Eichmann. Le procès de Jérusalem nous fait entrevoir toute une série de voisins, bons et mauvais, l'un des plus mauvais étant ce nonce du pape en Hongrie qui a envoyé une protestation à Horthy[*] contre la déportation des Juifs, mais en ajoutant que la protestation du Vatican n'émanait pas d'« un sens erroné de la compassion ».

< La parabole n'a manifestement pas trouvé d'écho dans la masse des Juifs. Mais elle en a trouvé un chez les Juifs privilégiés, ceux qui ont de l'argent et des relations, car dans la mesure où les Juifs étaient des privilégiés, où ils avaient droit à un traitement spécial, où ils jouissaient d'un pouvoir sur les autres, ils étaient en fait des « gentils ». Par conséquent, la leçon, telle que je l'ai entendue, s'adressait exclusivement aux gentils dont c'était le propre procès qui se déroulait, à travers Eichmann. Quelques-uns – très peu – ont été exonérés, et aucun Juif, en tant que tel, ne

* Miklos Horthy (1868-1957), chef de l'État hongrois de 1920 à 1944.

figurait parmi les accusés ; les Juifs étaient les témoins, ils témoignaient pour ou contre nous. >

Aucun adulte non juif qui a vécu au moment de la Solution finale ne peut lire *Eichmann in Jerusalem* sans éprouver des remords et sans se mettre en question. Les Juifs américains, qui, à l'époque tout comme aujourd'hui, étaient éloignés de la scène, peuvent eux aussi éprouver certaines inquiétudes en lisant le livre, notamment les plus riches, ceux qui ont payé d'importantes sommes d'argent aux nazis pour la rançon de leurs propres parents sans trop se préoccuper du sort des Juifs « ordinaires ». La dureté de madame Arendt sur ce point peut leur sembler désagréable et inappropriée en cette époque qu'ils considèrent toujours comme une époque de deuil : comme si quelqu'un se permettait des critiques à l'endroit du défunt à l'instant même où on l'enterre. Mais la question est de savoir si ceux qui se contentent de pleurer leurs compagnons font preuve de plus de compassion ou d'un sentiment plus approprié que ceux qui cherchent rétrospectivement des remèdes, puisque chercher des remèdes c'est veiller inlassablement à ce que ce qui s'est passé ne se reproduise jamais. < C'est ce que l'État d'Israël promet aux Juifs sur le plan politique en leur offrant une patrie, une armée et une politique étrangère : « Vous voilà désormais en sécurité », leur dit-il. Madame Arendt ne s'intéresse pas à la sécurité des Juifs, mais à celle de l'humanité. Cherchant à tirer des leçons de l'histoire, elle pense à l'avenir au nom d'autres peuples « superflus » qui risqueraient d'être les prochains « Juifs » d'une quelconque liste de « repeuplement à l'Est ». Cependant, la leçon israélienne officielle que le procès serait censé avoir donnée – la nécessité d'un

État-nation fort – ne correspond à aucune parabole à l'usage des gentils, c'est-à-dire non seulement à ceux qui ne sont pas juifs, mais à l'usage de toutes les tribus et de tous les peuples. >

À titre d'exemple de la délicatesse morale dont font preuve les critiques de madame Arendt, voici un extrait de la recension d'Abel : « Si un homme braque un fusil sur la tête d'un autre et le force à tuer son ami, l'homme au fusil sera esthétiquement moins laid que celui qui, par peur de mourir, a tué son ami et n'a peut-être même pas sauvé sa propre vie. » Celui qui l'a *forcé* à tuer son ami ? Personne en possession d'une arme ne peut forcer un homme à tuer qui que ce soit, cela relève de sa propre décision. Si quelqu'un braque un fusil sur vous et vous intime : « Tue ton ami sinon je te tue », il vous induit en *tentation* de tuer votre ami. C'est tout.

J'ai déjà souligné l'absence d'honnêteté de la critique < d'Abel >, qui se permet de recourir à de pseudo-paraphrases, voire à de pures inventions. Faute de place, je n'en donnerai ici que trois autres exemples. Le premier concerne l'usage ambigu qu'il fait du terme « victimes ». Madame Arendt critique les dirigeants juifs : les Juifs sont devenus des victimes ; par conséquent madame Arendt critique les victimes, c'est-à-dire les quatre millions et demi à six millions d'individus innocents. Deuxièmement : il dit avoir été « étonné » à la lecture du livre de madame Arendt de ce qu'il n'y était pas question du meurtre des Juifs en Ukraine. Il ne s'est pas étonné trop longtemps, car la raison était évidente à ses yeux : cela aurait en effet démoli toute sa thèse concernant le rôle des dirigeants juifs dans l'extermination des Juifs. Elle mentionne à plusieurs reprises le rôle des *Einsatzgruppen** dans les fusillades des Juifs dans les territoires russes : ils ont été fusillés sur-le-champ avec les fonctionnaires communistes, les Tziganes, les criminels et les fous. Il n'y avait pas d'organisations juives en Russie, mais il y avait des Conseils juifs en Pologne, et pourtant elle ne parle pas de l'extermination des Juifs de Pologne – ce qui m'a moi-même étonnée. Mais étant donné que je m'étais étonnée en toute sincérité, j'ai pu trouver une réponse non moins sincère aux pages 197-198. La réponse tient à la fonction d'Eichmann : il n'était concerné ni par les fusillades à l'Est ni par le gazage des Juifs polonais et pas davantage par l'administration des ghettos polonais. Il s'occupait de l'approvisionnement en Juifs des camps de la mort.

Ici aussi les Conseils juifs intervenaient dans la mesure où ils représentaient, pour ainsi dire, le comité de sélection d'Eichmann. Là où les *Einsatzgruppen* ont fusillé des masses de victimes sur place, le problème du transport, de la sélection ne s'est pas posé, et il n'y a pas eu besoin d'organisations juives quand bien même elles auraient existé. L'histoire des Juifs de l'Est n'avait rien à voir avec l'histoire d'Eichmann à laquelle madame Arendt s'est limitée autant que faire se peut.

Un ami polonais m'a proposé, en passant, une explication à propos de la facilité avec laquelle non seulement des Juifs, mais d'autres groupes ont été rassemblés et massacrés dans les territoires russes. L'appareil d'État stalinien avait aboli toutes les autres structures sociales, et lorsqu'il s'est effondré, après l'invasion des territoires occupés, il

* Les unités mobiles de tuerie SS.

n'y avait plus rien, on était confronté à un vide social. Il était impossible de se cacher, car il n'y avait pas d'endroit où se cacher, aucun couvent, aucun domaine, aucune ferme privée. La plupart des enfants juifs qui ont survécu en Pologne ont été cachés dans des couvents, et les villageois avaient l'habitude d'envoyer de la nourriture aux Juifs qui se cachaient dans les bois, ce qui aurait été impossible dans un collectif russe où tout se savait. L'État totalitaire stalinien avait éliminé toute sphère privée.

< Pour en revenir à Abel, voici le troisième exemple : « Pourquoi Eichmann n'a-t-il pas soupçonné que le fait de tuer tant de personnes sans défense était mal ? Madame Arendt n'essaye jamais de l'expliquer. » Mais, en fait, il a bel et bien soupçonné et il a même su que c'était mal, et ce savoir, cette « conscience », a duré environ quatre semaines. La conscience d'Eichmann est au centre de son livre et explicitement le thème de plusieurs chapitres. Il est évident qu'Abel en est conscient, puisqu'il fait lui-même allusion au sujet de manière oblique, dans une paraphrase erronée tout à fait typique : « [...] de son point de vue concernant ce qui s'est passé, les Juifs d'Europe étaient si dociles qu'Eichmann, leur bourreau, n'a même pas eu l'occasion d'éprouver des remords de conscience lorsqu'il les a envoyés à la mort. » Ce qu'il veut dire ici, c'est que madame Arendt explique la conscience peu méfiante d'Eichmann du fait de la docilité des Juifs. Or tel n'est pas le cas : la docilité des dirigeants juifs – et non pas des Juifs – a été l'un des nombreux facteurs qu'elle cite ayant contribué à l'extinction de la conscience d'Eichmann ; mais, d'après ma propre lecture, la principale responsabilité, outre celle d'Eichmann lui-même, incombe à la société

allemande respectable qui est restée presque complètement silencieuse à l'époque et qui ne s'est présentée que par la suite pour se laver les mains concernant toute cette affaire.

Comme le lecteur peut s'en rendre compte, tenter de corriger Abel sur un point en soulève immédiatement un autre et conduit si on le laisse faire dans un labyrinthe. C'est comme lutter avec une hydre. >

Mais il me faut du moins aborder sa dernière accusation : la preuve accablante dissimulée à l'abri des regards dans *Les Origines du totalitarisme* et qu'il prétend avoir découverte. < Je ne suis franchement pas compétente, et je ne dispose ni du temps ni de l'espace requis pour creuser à fond la question. Mais, à supposer qu'Abel ait raison et qu'il y ait une contradiction entre le précédent livre et celui-ci, qu'est-ce que cela prouverait ? Qu'elle avait raison à l'époque et qu'elle a tort aujourd'hui ou vice versa ? Son ton triomphateur semble indiquer qu'elle avait tort dans les deux cas, ce qui est impossible, du moins compte tenu de la manière dont il expose ses arguments, à savoir que l'État totalitaire était « tout-puissant » alors qu'il ne l'était pas. Quoi qu'il en soit, je ne pense pas qu'elle ait dit qu'il était « tout-puissant » et je ne me fierai certainement pas au dire d'Abel. En tout cas, le passage qu'il cite concerne la *terreur* totalitaire, et non pas l'État totalitaire. Et là où la terreur régnait – dans les camps, les prisons et les ghettos –, madame Arendt ne dit nullement dans *Eichmann in Jerusalem* qu'on ne pouvait rien faire d'autre si ce n'est obéir. >

Toutefois, pour rendre justice à Abel, il me semble que les vues de madame Arendt sur la domination totalitaire ne sont pas aussi pessimistes qu'à l'époque où Staline était encore en vie. Mais modifier quelque peu son point de vue à la lumière d'une nouvelle preuve et d'événements nouveaux (ainsi qu'elle le fait dans les chapitres qu'elle consacre à la Hongrie dans la nouvelle édition des *Origines du totalitarisme**) est une conséquence normale de la pensée qui ne fait pour autant pas de vous quelqu'un qui « abjure » ou qui se « rétracte », à moins qu'Abel et ceux qui sont d'accord avec lui ne soient à la tête d'une inquisition privée ou d'une police d'État.

* Il s'agit des « Réflexions sur la révolution hongroise » (1958) qui furent intégrées à titre de chapitre XIV dans la seconde version des *Origins of Totalitarianism.*

Reinhard Baumgart

Vivre avec des meurtriers ? Une postface au livre de Hannah Arendt sur Eichmann[3]

Le vingtième anniversaire de la capitulation national-socialiste s'est annoncé depuis des mois non pas comme le retour d'une date à jamais imprescriptible dans notre mémoire, mais de façon plus pénible comme le début éventuel d'une prescription des crimes commis par le national-socialisme*. Toutefois, dans leur zèle aveugle et justifié, beaucoup d'arguments contre le délai de prescription étaient eux aussi pénibles. On y percevait trop souvent une nostalgie d'une condamnation « totale » des criminels et du crime, comme si cela était somme toute possible, et comme si on pouvait faire « table rase ». Le passé ne peut jamais être maîtrisé au sens de « liquidé », pas même et assurément pas sur le plan juridique. Car une justice qui se contente de juger des fonctionnaires passibles d'une peine dans un souci de réparation et au moyen du BGB de 1871** peut fort bien ne pas prendre conscience de la

* Allusion au débat qui commença en mars 1965 au Bundestag sur le projet de prescription des crimes de guerre nazis. En France, le Parlement vota à l'unanimité en 1964 l'imprescriptibilité du crime contre l'humanité.

** Abréviation de *Bürgerliches Gesetzbuch* : le Code civil allemand. Avant sa promulgation en 1896, chaque État (*Land*) appliquait son propre droit.

raison pour laquelle elle siège au tribunal et s'avérer inutile en ce qui concerne une éventuelle menace à l'avenir. Les lois au moyen desquelles elle opère ne laissent rien pressentir de la « banalité du mal », des circonstances de son apparition, ni de son éventuelle répétition.

C'est pour cette raison, et pas seulement à cause de la personne d'Eichmann et de ses actes, qu'il n'y aura pas de si tôt prescription en ce qui concerne le Rapport de Hannah Arendt sur le procès de Jérusalem dont on débat tant – un débat qui n'est pas prêt de finir. À ses yeux, en effet, ce procès qui a suscité un scandale sans pareil n'était nullement extraordinaire, mais représentait le paradigme de tout ce qui avait pu se produire autrefois et ce qui s'est produit, mais également de ce qui pourrait se reproduire.

Avant même qu'il ne paraisse en Allemagne, ce livre a été violemment attaqué dans tous les pays[4]. Et de fait, en dehors de toutes ses affirmations et démonstrations individuelles, le Rapport contient déjà fondamentalement une exigence. Il exige que le lecteur s'efforce de « comprendre » aussi bien Eichmann que les conditions préalables à la « Solution finale ». Dans son interview avec Gaus, Hannah Arendt a dit : « L'essentiel pour moi est de comprendre », et une telle compréhension a de tout temps été exposée au malentendu, elle revient à approuver ce qu'on a compris. Elle abolit toujours la distance, le fait que, pour ceux qui ont survécu à l'extermination des Juifs, ce qui s'est produit à l'époque demeure totalement inconcevable et étranger. Hannah Arendt s'efforce de réagir de façon pratique à quelque chose qui n'a jusqu'à présent presque toujours été évoqué qu'en termes pathétiques ou, dans les monographies historiques, de manière purement factuelle. Elle pose la question suivante : ce qui s'est passé était-il absolument inévitable ? Quelque chose de semblable serait-il tout aussi inévitable à l'avenir ? Car, après tout, le procès de Jérusalem, notre passé, est-il son unique et ultime objet ? Je suppose qu'elle n'aurait jamais écrit ce livre si elle n'avait pas pensé à la « possibilité que des crimes similaires à ceux des nazis puissent être commis à l'avenir ».

On peut douter, contrairement à ce qu'a soutenu Enzensberger, que la bombe atomique soit le présent d'Auschwitz, et Hannah Arendt a précisément exprimé son doute récemment (voir leur échange de lettres dans le numéro d'avril du *Merkur*).

Mais elle perçoit, tout comme Reitlinger l'avait déjà vu avant elle, l'enchaînement logique qui mène de la « mort miséricordieuse* » décrétée par le programme d'euthanasie de Hitler jusqu'aux camps d'extermination, et elle pousse de manière radicale cet enchaînement en allant jusqu'à conjecturer : « Il est tout à fait concevable que, dans un avenir pas trop lointain, avec une économie automatisée, les hommes soient tentés d'exterminer tous ceux dont le quotient intellectuel est inférieur à un certain niveau. »

C'est pourquoi elle n'est pas d'accord avec l'accusation de Jérusalem qui, plutôt que de définir le programme d'un

* Euphémisme pour désigner les meurtres « par euthanasie » perpétrés en Allemagne sous la conduite de Victor Brack. Cette opération reçut le nom de code « T4 », en référence à l'adresse du bureau de coordination du programme : « Tiergartenstrasse 4 ». Voir H. Arendt, « L'histoire du grand crime. Une recension du *Bréviaire de la haine : le III*^e^ *Reich et les Juifs* de Léon Poliakov » *in Écrits juifs*, *op. cit.*, p. 633 : « Ces meurtres ont non seulement précédé les meurtres de masse des autres peuples, mais l'ordre donné par Hitler le 1er septembre 1939 (de manière tout à fait significative le tout premier jour des hostilités) de liquider toutes les "personnes atteintes de maladies incurables" dans le Troisième Reich prépara la scène pour tout ce qui suivit. »

anéantissement de l'humanité susceptible d'être rejeté en termes de « crime contre l'humanité », parlait plus volontiers de l'unicité du « crime contre le peuple juif ». C'est également la raison pour laquelle elle ne parle presque pas d'antisémitisme dans son livre, ce qui a non seulement étonné nombre de ses critiques juifs, mais qui a pu les indigner. Hannah Arendt ne pense pas à imputer Auschwitz à la longue histoire des souffrances des pogroms. Même si elle pense en termes pratiques et non pas pathétiques. Elle cherche ainsi à appréhender non pas ce qui s'inscrit dans la lignée du passé, mais ce qui dans cette politique d'extermination s'annonce sous la forme d'un modèle et d'un possible avenir. Elle annonce en introduction qu'elle traitera avant tout de deux questions : la question du « genre de crime » (le génocide administratif) et celle de l'« essence de l'accusé » (un meurtrier administratif). Elle craint qu'à Jérusalem l'accusation et la défense ne se soient pas sérieusement penchées sur ces questions, mais qu'elles aient abordé ce cas inouï comme s'il s'agissait de quelque chose d'habituel, qu'on pouvait par conséquent appréhender avec les instruments juridiques et moraux habituels, avec tout leur arsenal analytico-conceptuel et sentimental. C'est pourquoi elle souhaitait compléter le plaidoyer non dit, s'interroger de son côté sur les raisons, le sens et les possibilités d'un tel procès.

Afin de satisfaire intégralement à ce programme, sa recherche évolue de façon continue et simultanée à plusieurs niveaux. Le reportage sur le déroulement du procès est inséparable du Rapport historique sur ce qui s'est déroulé au cours du procès. Les discussions sur la philosophie du droit et l'examen du droit positif, les réflexions psychologiques, de philosophie morale, et politiques s'entremêlent et sont presque impossibles à distinguer. Les perspectives changent sans cesse et de manière déconcertantes. On voit aussi clairement comment des résultats qu'on tenait pour fermement établis se désintègrent à nouveau en questions, parfois même à l'insu de l'auteure.

Ce qui est décisif dans le livre, sa qualité humaine, me paraît résider dans cette inquiétude jamais apaisée, dans ce processus infini de questions, de réponses, d'hésitations et de nouvelles questions. Cela se répercute ici sur un objet toujours inquiétant, « face auquel nous restons sans voix et face auquel la pensée échoue », qui ne peut être ni décrit ni défini. Hannah Arendt doit à vrai dire elle aussi s'engager sur le plan juridique et échafauder une stratégie. Celui qui lit alors ses distinctions éprouvantes entre le principe de personnalité passif et le principe universel, les lois formelles et substantielles rétroactives, la conscience de l'injustice et la responsabilité, risque de se trouver passagèrement moins insouciant que l'auteure. Tout ne se passe-t-il pas comme si de tels concepts susceptibles de s'adapter à toute fin devaient créer un ordre illusoire là où « la pensée échoue » ? Cependant son zèle n'est jamais au service de l'effort vaniteux de trouver après coup un mot juste* sur le plan juridique pour ce qui s'est passé. Par-delà Eichmann et Jérusalem, elle envisage aussi ici un droit qui puisse s'appliquer, peut-être de manière préventive, à un avenir où les problèmes d'hostilité internationale ou d'expansion démographique pourraient être « résolus » par

* En français dans le texte.

un potentiel destructif « en comparaison duquel les chambres à gaz de Hitler n'auraient l'air que de maladroites tentatives d'un enfant méchant ».

Hannah Arendt a donc prolongé son Rapport du procès en lui donnant une dimension qui va au-delà de l'histoire de l'antisémitisme et du national-socialisme. Aucun égarement idéologique, ni *a fortiori* la biographie insipide d'Eichmann, ne permet d'expliquer à ses yeux comment cet individu apparemment inoffensif, et pourtant tout simplement amoral, est devenu le plus important homme de main de la « Solution finale ». Ainsi s'interroge-t-elle sur l'arrière-plan de son histoire, sur le climat moral qui régnait dans la *Mitteleuropa* au cours des quarante années qui ont précédé. Il n'est pas étonnant qu'elle ne parvienne à localiser la conscience de l'époque ni dans l'entourage d'Eichmann ni dans la sphère publique allemande. La bonne conscience de nombreuses proclamations – celles qui étaient nationalistes sans nuances –, le peu de résistance rencontré par les Conseils juifs dans leur coopération et même le fait que les mesures d'exception qui ont été réclamées et autorisées çà et là n'aient elles aussi fait que confirmer la règle de l'extermination, tout cela est plus pénible, tout aussi pénible que la question que pose Hochhuth à propos du « Vicaire* ». Les groupes

* Dans sa pièce de théâtre *Der Stellvertreter* [Le Vicaire] – dont la première représentation eut lieu le 20 février 1963 à la Freie Volksbühne de Berlin-Ouest dans une mise en scène d'Erwin Piscator, et qui fut présentée la même année à l'Athénée dans une adaptation de Jorge Semprun –, Rolf Hochhuth critiquait le rôle de Pie XII et de l'Église catholique à l'égard des Juifs durant la Seconde Guerre mondiale. La pièce provoqua un scandale que H. Arendt compare à celui qu'elle a elle-même suscité avec son *Eichmann in Jerusalem* et, même si elle n'appréciait pas cette pièce, elle lui consacra un article, « *The Deputy : Guilt by Silence ?*, dans le *New York Herald Tribune Magazine* daté du 23 février 1964, p. 6-9 [« Le Vicaire, un silence coupable ? », in *Auschwitz et Jérusalem*, Paris, Deux Temps-Tierce, 1991-1993, trad. à partir de l'allemand par Sylvie Courtine-Denamy, p. 221-232]. En 1964, l'historien israélien Saul Friedländer publia son ouvrage *Pie XII et le IIIe Reich*, Paris, Seuil, postface d'Alfred Grosser.

d'intérêt n'ont pas pu garder le silence cette fois-ci. On pouvait s'attendre à la « controverse ».

Le respect, tel qu'on l'a exigé envers les victimes du 20 juillet ou envers la situation qui suscite encore moins d'empathie des Conseils juifs, n'est pas le fort de Hannah Arendt. Peut-on le lui reprocher, alors que son livre vise à faire connaître les faits et non à commémorer ? Dans la mesure où le respect signifie ne pas y regarder de trop près, voire ne pas dire ce qu'on a sur le bout de la langue, cela me semble plutôt inévitable. De nombreuses pages de la « controverse » portent les traces d'un tel refoulement, du refus qui confine presque à la haine exacerbée d'être un tant soit peu attentif à des arguments étrangers. Même un historien et polémiste de la stature de Golo Mann a momentanément perdu à ce sujet le contrôle de ses propos et la maîtrise des faits historiques, paraissant « hors de lui ». Ce que ses attaques, ainsi que d'autres, méconnaissent avec irritation, c'est le fait que, même dans ses doutes et ses affirmations les plus osées, l'auteure n'a jamais pour objectif de dénoncer. Elle se contente de montrer ce qui est nécessaire si l'on veut reconstruire toutes les conditions du crime d'Eichmann (et ce faisant les conditions d'une éventuelle répétition), elle montre également comment Goerdeler, Leo Baeck* ou Kastner** ont été prisonniers de la situation de l'époque. Elle observe que la « Solution

* Leo Baeck (1873-1956), rabbin, président de la *Reichsvertretung der deutschen Juden* de 1934 à 1938, déporté en 1943 au camp de Theresienstadt (Terezin) où il assuma la charge de président du Conseil des Anciens. Très critiquée, notamment par Gershom Scholem, mais également par Adolf Leschnitzer (voir « So war Rabbiner Leo Baeck, in *Aufbau*, 29 mars 1963, p. 7 et 18), pour l'avoir qualifié de « Führer juif », H. Arendt supprima cette formule lors de la seconde édition de son livre.

** Voir note p. 134.

finale » s'est déroulée presque en douceur comme dans un espace moralement vide, sans qu'aucune voix se soit élevée pour la contester. Presque, car il y a eu non seulement quelques citoyens, mais même des sociétés tout entières qui ont réussi à faire échapper leurs compatriotes à l'extermination, à preuve les Danois et les Bulgares*. Ils témoignent du moins de ce qui aurait été possible presque partout.

C'est dans cette atmosphère d'adhésion tacite, où l'on fermait les yeux de façon compatissante, ou de pur refoulement qu'a opéré l'accusé de Jérusalem. « Par conséquent », irait presque dire jusqu'à Hannah Arendt, il était tout aussi zélé et dépourvu de pensée lorsqu'il rassemblait ses trains que d'autres qui fermaient notoirement les yeux ou qui coopéraient. Le genre de tâches dont il était chargé et leur exécution, incontestée à l'époque, correspondaient parfaitement à sa nature qui, si elle attestait de son sens de l'organisation, ne s'embarrassait pas de scrupules moraux. Un sadique, quelqu'un qui prend plaisir à tuer et Richard III n'y auraient pas été à leur place. Mais c'est précisément là ce que l'accusation a voulu voir en lui jusqu'au dernier jour. Elle n'a jamais pu se résoudre au fait qu'Eichmann n'était manifestement qu'un antisémite sans conviction. S'agissant d'un délire de ce genre, n'importe quel locataire d'une minable pension de famille de New York ou de Francfort aurait fait un accusé plus « vraisemblable ».

Aux yeux de Hannah Arendt, celui qui est assis dans la cage de verre est un autre, quelqu'un qu'il convient certes,

* Voir note 34 de l'Entretien radiophonique, p. 196, ainsi que l'article de Mary McCarthy, « Le tollé », p. 129.

compte tenu de son crime, de décrire comme un *hostis generis humani*, mais dont les caractéristiques en tant que personne privée sont tout à fait normales, même si elles sont également ridicules. Elle voit en lui un personnage aussi effroyable que triste, déraciné, qui a été entraîné au sommet de la criminalité, une perversion de la morale du fonctionnaire qui ne s'est « jamais représenté ce dans quoi il s'était engagé ». Même après 1945 il n'avait pas changé, et c'est précisément ce qui a fait de lui un accusé aussi docile, aussi empressé. Il servait l'officier de police chargé de son interrogatoire et le tribunal avec le même zèle qu'il avait « servi » Himmler. Tout porte à croire qu'il a saisi, presque avec un soupir de soulagement, cette nouvelle et ultime occasion de démontrer que, confronté à des missions, son unique et impitoyable « vertu » était l'obéissance aveugle à toutes les conséquences ; et cette fois-ci encore il manifesta son obéissance à la « mission d'aveu » qui devait pourtant inévitablement le conduire à sa propre mort. Il fut, et cela fait partie du vide si pitoyable et si digne de compassion de cette personne, le collaborateur empressé y compris de sa propre mort. Après avoir végété pendant quinze années (une « existence individuelle pénible et privée de direction », selon ses propres termes), il se retrouvait finalement au pinacle à Jérusalem, tout occupé qu'il était à répondre aux interrogatoires de l'officier et du tribunal : « Il travaillait dur », comme le dit Hannah Arendt, moins pour masquer les faits, comme le font d'ordinaire la plupart des accusés lors de tels procès, que pour tirer au clair sa position : « correcte » selon lui. Il nia à peine les faits, son activité, il nia uniquement sa responsabilité. Même sur ce point il n'avait pas changé, c'est-à-dire qu'il confessa exactement la manière dont il avait agi : avec zèle et de manière irresponsable. Même la condamnation à mort cadrait avec son univers car, pour lui, elle ne faisait pas sens. C'est avec le même empressement, de manière routinière, qu'il se soumit également à cette sorte de dernière disposition. Il aurait préféré, ainsi qu'il le dit à une occasion, se pendre lui-même. C'est probable.

On pressent qu'une telle « banalité » ne rend pas le « mal » moins inoffensif, au contraire. Il eût été rassurant de pouvoir déceler, fût-ce artificiellement, les marques évidentes de Caïn. Mais je crains qu'après cette lecture nous soyons effectivement contraints de « vivre avec les meurtriers » : non seulement avec ceux du passé, ceux qui, avec ou sans prescription, ne seront jamais découverts, ou ceux qui ont été libérés depuis longtemps, mais également avec ceux qui ne sont que des meurtriers en puissance, sans conscience, dont la nature centrée sur le devoir est irréprochable, des meurtriers de l'acabit d'Eichmann.

Est-il permis du reste de parler de tels meurtriers potentiels ? Ils sont pour l'instant tout aussi innocents qu'invisibles ; leur seul talent est de servir, en parfait subalternes, au besoin dépourvus de morale. Il ne fait aucun doute que chacun d'entre eux a la chance de vivre sa vie de manière « honorable » jusqu'à son terme. Mais il ne fait également aucun doute qu'ils serviront chaque système qui fera tacitement appel à leur capacité de ne « jamais se représenter ce à quoi ils se sont engagés ».

Prévenir par tous les moyens un tel système, voilà qui serait une tentative de « maîtriser l'avenir », au lieu de se contenter de maîtriser le passé. Aucun des procès pénaux actuellement en cours ou à venir ne font ni l'un ni l'autre.

En vertu des normes du BGB, ils distinguent le « rebut » du reste des « citoyens ». Ils nous protègent presque charitablement de notre passé, de toutes les pensées trop impudentes concernant notre responsabilité. Et, dans les cas extrêmes, ils démontrent que, compte tenu du droit en vigueur, il est plus dangereux de conduire une voiture sans permis que de contribuer à distance raisonnable à l'extermination de quelques millions d'hommes.

Postface de la traductrice

Une grosse bêtise ?
La question du mal et l'Allemagne

Hannah Arendt s'était fixé pour principe de ne pas *se défendre* contre les accusations qui avaient été formulées contre elle au cours de la polémique de dimension internationale que déclencha la publication de son livre *Eichmann in Jerusalem. A Report on the Banality of Evil* et elle laissa donc quelques-uns de ses rares amis prendre fait et cause pour elle. Le Cahier XXIV de son *Journal de pensée*[1] mentionne cependant l'intitulé « Vérité et Politique[2] », titre d'un futur essai qu'elle annonçait à son amie Mary McCarthy comme une « réponse implicite » à la longue controverse dont elle faisait l'objet et qui ne concernait pas le livre qu'elle avait écrit, mais l'« image [qui s'y était] substituée[3] ».

La pensée de Hannah Arendt concernant le mal a incontestablement évolué entre 1945 et 1963. Pour le qualifier, elle semble en effet hésiter tour à tour entre différentes épithètes : « monstrueux » ou « inouï » (*ungeheuere Übel*)[4], « radical », « absolu », « extrême », « banal » dans le livre consacré à Eichmann, et dans son entretien avec Joachim

Fest, elle évoque la « bêtise » (*Dummheit*). Dans la Préface à l'édition allemande, qu'elle remania et qu'elle ajouta à titre de Post-scriptum pour la seconde édition anglaise du livre (1965), elle reconnut que son sous-titre, *Rapport sur la banalité du mal*, pouvait effectivement prêter à une controverse « authentique[5] ».

L'origine de la formule fait d'ailleurs question : Hannah Arendt l'a-t-elle reprise de Joseph Conrad, un auteur dont elle était familière[6], ou bien serait-ce son époux, Heinrich Blücher, qui la lui aurait suggérée, quitte ensuite à se le reprocher amèrement, comme croyait s'en souvenir pour sa part Karl Jaspers[7] ? Il semble pourtant que Jaspers ait totalement oublié qu'il avait lui-même recouru au terme de « banal » dès 1946 lorsque, à l'objection que lui fit Hannah Arendt concernant son livre récemment paru *Die Schuldfrage*[8] selon laquelle, compte tenu de leur monstruosité, les crimes commis sous le régime nazi ne pouvaient plus être abordés juridiquement[9], il redoutait qu'elle n'accorde ce faisant « une certaine "grandeur" – une grandeur satanique » aux nazis, versant par là dans le « démonisme », et il concluait : « À mon avis, c'est parce qu'il en a vraiment été ainsi qu'il faut voir les choses dans toute leur banalité, dans leur prosaïque nullité[10]. » Il se peut que Hannah Arendt ait dès lors retenu ce terme, peut-être même à son insu, puisqu'elle se montra piquée au vif lorsque Gershom Scholem qualifia vingt ans plus tard sa formulation de « slogan » : « Je ne vois pas pourquoi vous qualifiez de slogan l'expression "banalité du mal". Personne, pour autant que je sache, n'a utilisé cette expression avant moi[11]. »

L'épithète « banal », même si elle n'apparaît qu'à deux reprises dans le livre, hormis le sous-titre, n'est pas heureuse, ne serait-ce que du fait que Hannah Arendt a besoin, à chaque fois qu'elle tente de la définir, de préciser ce qu'elle n'entend pas par là et que l'on entend pourtant inévitablement, aussi bien en anglais qu'en allemand ou en français. Ainsi, répondant aux « Questions de Samuel Grafton », elle précise que l'épithète n'est nullement synonyme d'« ordinaire » (*commonplace*) ni de « quotidien » (*alltäglich*), quoi qu'en disent les dictionnaires[12]. Et dans son entretien avec Thilo Koch, contemporain de celui avec Joachim Fest, elle ajoute que le terme n'est pas davantage synonyme de « bagatelle[13] ».

À l'en croire, sa formule ne doit nullement être entendue comme une théorie ou une doctrine, mais bien comme le résultat de l'expérience qu'elle a vécue au cours de ce procès. L'accusé de Jérusalem répondant du massacre de six millions de Juifs n'avait rien d'un héros shakespearien animé par la volonté intentionnelle de faire le mal par principe (*to prove a villain / ein Bösewicht zu werden*), et n'était même pas mû par des convictions idéologiques profondes : il s'est contenté de « fonctionner » au sein d'un système en perpétuel mouvement où la loi en vigueur à l'époque contredisait le Décalogue en ordonnant : « Tu tueras ! »

Cette incapacité d'Eichmann qu'elle constata lors du procès à distinguer le bien du mal dès lors qu'il fallait penser « sans garde-fou » (*without bannister / ohne Geländer*) aurait été le point de départ de ses réflexions sur *La Vie de l'esprit*, et notamment du premier volume consacré à *La Pensée* : « La question impossible à éluder était celle-ci : l'activité de penser en elle-même [...] fait-elle partie des conditions qui poussent l'homme à éviter le mal et même le conditionnent négativement à son égard[14] ? » Si tel était le cas, ce dont Eichmann se serait en définitive rendu coupable, c'est d'une inaptitude à penser, une possibilité toujours présente qui guette chacun de nous, et qu'elle distingue de la « stupidité » (*Dummheit*) : « L'inaptitude à penser n'est pas la stupidité ; elle peut s'observer chez des personnes très intelligentes[15]. » Or, si Eichmann lui-même « n'était pas stupide[16] », s'il était même « tout à fait intelligent[17] », comment s'explique le titre de l'Entretien que Hannah Arendt accorda à Joachim Fest le 9 novembre 1964, *Eichmann était d'une bêtise révoltante ?* On peut donc être intelligent (*klug*) et bête (*dumm*) à la fois ?

C'était déjà ce que soutenait Robert Musil dans la conférence intitulée « De la bêtise[18] » qu'il prononça à deux reprises, les 11 et 17 mars 1937 à l'invitation du *Werkbund* autrichien, et que cite Eric Voegelin dans ses leçons sur *Hitler et les Allemands*[19]. Musil distingue entre une bêtise toute simple, tenant à une faiblesse générale de l'entendement : c'est là le propre de celui qui n'a pas « la comprenette facile », dont le vocabulaire et la représentation sont pauvres, et qui préfère donc « le banal[20] ». L'autre type de bêtise, « supérieure », « prétentieuse », plus dangereuse, tiendrait quant à elle à une faiblesse de l'entendement, « par rapport à un objet particulier » cette fois-ci, laquelle peut « affecter la plus haute intellectualité[21] ». Ce type de bêtise dont nous serions tous capables occasionnellement ne consiste plus en un manque d'intelligence, mais en une « abdication » de celle-ci « devant des tâches qu'elle prétend accomplir alors qu'elles ne lui conviennent pas[22] ».

Toutefois le « *stop and think* » préconisé par Arendt qui cite fréquemment la phrase de Valéry – « Tantôt je suis, tantôt je pense[23] » –, la cessation de l'activité dans laquelle on est présentement engagé, afin de faire place à la réflexion sur l'action, aurait paru excessif à Musil qui y voit pour sa part un danger pour le monde de se figer. Nous serions donc occasionnellement condamnés à agir aveuglément, et Musil énonce alors cette maxime : « Agis aussi bien que tu le peux et aussi mal que tu le dois, tout en restant conscient des marges d'erreur de ton action[24] ! »

Commentant pour sa part les propos du paysan poméranien que rapporte Ernst Jünger dans ses *Journaux*, Hannah Arendt explique à Joachim Fest : « Voyez-vous, cette histoire est d'une bêtise révoltante. Je veux dire : l'histoire est bête pour ainsi dire. » Si l'histoire est « bête », c'est parce que « l'homme ne voit pas que ceux qui se comportent de cette manière sont affamés, n'est-ce pas, et que chacun peut en faire autant. Mais cette bêtise a quelque chose de vraiment révoltant[25]... ». Le paysan de Poméranie ne « voit pas », c'est-à-dire qu'il n'« imagine pas », qu'il ne se « représente pas » la faim des prisonniers russes qui se jettent sur la pâtée destinée à ses chiens, et il en conclut qu'il a affaire à des « sales types ». À l'instar du paysan, Eichmann ne s'est lui non plus pas imaginé, il ne s'est pas représenté les conséquences que pouvait engendrer l'obéissance dont il avait fait la règle de sa vie, le fait de tuer par respect du « devoir » à l'égard de sa hiérarchie, en vertu du « serment » qu'il avait prêté une fois pour toutes. *Befehl ist Befehl* : il n'a pas imaginé un seul instant que ce pouvait être un honneur que de désobéir à la loi dès lors que celle-ci était inique. À la différence peut-être du paysan poméranien, Eichmann, même s'il était un individu quelque peu « déclassé » par rapport à son milieu d'origine, était néanmoins « éduqué » et, comme tous les nazis, il avait lu Kant, auquel il se référa au cours du procès, citant même approximativement une formule de l'impératif catégorique, ce qui stupéfia ses juges. Pour autant, souligne Arendt, il a compris exactement l'inverse de ce que dit Kant, à savoir que tout homme est législateur, qu'aucun homme n'a le droit d'obéir. Hannah Arendt réitère alors ce qu'elle avait déjà soutenu dans son Post-scriptum à *Eichmann à Jérusalem*[26] : « Eichmann était tout à fait intelligent, mais il avait cette bêtise en partage. C'est cette bêtise qui était si révoltante. Et c'est précisément ce que j'ai voulu dire par le terme de banalité. Il n'y a là aucune profondeur, rien de démoniaque ! » Dans les deux cas, nous aurions affaire au même phénomène : « Le refus de se représenter ce qu'il en est véritablement de l'autre[27]. » Autrement dit, et Hannah Arendt revient ici à « ce bon vieux Kant », Eichmann n'aurait pas intégré la maxime kantienne de la « mentalité élargie » (*erweitertes Denken*), « penser en se mettant à la place de tout autre », et elle en tira la conclusion que « les hommes qui ne pensent pas sont comme des somnambules[28] ». Le crime d'Eichmann tiendrait donc dans son manque d'« imagination » (*mangelnde Vorstellungsvermögen*), dans son manque de jugement, un « vice » qui, pour reprendre la formulation de Kant, a pour nom « sottise » (*Tumbheit*), « défaut irréparable » qui se rencontre même chez des « hommes fort instruits[29] ».

La manifestation du « vent de la pensée » n'est donc pas la connaissance, mais l'aptitude à discerner le bien du mal, le beau du laid, « laquelle peut prévenir bien des catastrophes[30] ». La faculté de juger, « la plus politique de toutes les facultés », n'est pas la même chose que la faculté de penser : car, alors que la pensée se préoccupe d'objets invisibles, absents, et qu'elle les rend présents en se les représentant, la faculté de juger concerne pour sa part des cas concrets et proches. Mais c'est tout de même le jugement qui rend manifeste la pensée dans le domaine des apparences, qui la réalise. La pensée n'apporte pas de résultat tangible, mais « sa signification morale et politique apparaît dans les rares moments de l'histoire où "tout part en miettes, où le centre ne peut plus être le soutien, où la simple anarchie se répand dans le monde"[31] ».

Dès 1945 Hannah Arendt pronostiquait : « Le problème du mal sera la question fondamentale de la vie intellectuelle d'après-guerre en Europe[32]. » Et de fait, en 1964 – année où se déroulaient les procès d'Auschwitz à Francfort et de Limburg sur l'euthanasie[33], ainsi que l'affaire Schramm[34] –, Günther Anders publiait *Nous, fils d'Eichmann*, une lettre ouverte au fils d'Eichmann, Klaus. L'utilisation du pronom personnel pluriel « Nous » indique qu'il ne s'agissait pas d'adresser des reproches personnels à la « lignée » (*Sippe*) d'Eichmann, ainsi qu'il le précise. S'interrogeant simultanément sur ce qui avait rendu possible la « monstruosité » des millions de crimes industriels, sur les Eichmann serviles, sans honneur et obstinés qui s'étaient accommodés « de la perte totale de leur ressemblance humaine », et sur les milliers d'Eichmann passifs qui avaient laissé s'accomplir la destruction, il incriminait la « discrépance » entre notre capacité de fabrication technique *sans bornes* et notre capacité de représentation *limitée* : « Six millions demeurent pour nous un simple nombre, tandis que l'évocation d'une dizaine de tués aura peut-être encore quelque résonance en nous, et que le meurtre d'un seul homme nous remplit d'effroi[35]. » S'il récuse l'assimilation de ce criminel à un ouvrier condamné à des gestes répétitifs et privé de la possibilité d'en imaginer les monstrueux effets, il semble néanmoins disposé à voir en lui un personnage qui « s'intéressait avant tout à un fonctionnement "satisfaisant" de son entreprise[36] ». Günther Anders ne se décida pourtant à envoyer cette lettre écrite immédiatement après la mort d'Eichmann qu'en ayant lu dans un journal une « déclaration abjecte » de Klaus Eichmann selon lequel « la sentence du tribunal ne représentait rien d'autre qu'une preuve supplémentaire du triomphe de l'argent juif[37] ». Ne recevant pas de réponse, et dans un contexte politique modifié où sévissaient la banalisation et le négationnisme d'Auschwitz, Günther Anders adressa alors une seconde lettre à Klaus Eichmann en avril 1998 dans laquelle il expliquait que le devoir de mémoire à l'égard du passé et la vigilance n'étaient nullement synonymes de culpabilité collective.

Cette même année 1964, Eric Voegelin prononçait au nouvel Institut de science politique qu'il avait fondé en 1958 à Munich ses leçons sur *Hitler et les Allemands*. Nous y retrouvons le thème précédemment évoqué de la bêtise alliée à l'intelligence, appliqué cette fois-ci à Hitler : « Hitler était manifestement d'une intelligence remarquable qui lui a permis de duper d'autres gens » mais il n'en était pas moins aussi « un *stultus*, un fou, par rapport à ses objectifs et ses principes. Il ne faudrait pas totalement mépriser cette traduction populaire du *stultus* par "idiot" :

un homme peut être à la fois quelqu'un d'intelligent et un *stultus*, un fou[38] ». Cette bêtise se caractériserait selon lui par une perte de la réalité au profit d'un agir fondé sur une vision fausse de la réalité. Or, l'absence de pensée est pour Hannah Arendt également perte du sens de la réalité : « Qu'on puisse être à ce point éloigné de la réalité, à ce point dénué de pensée, que cela puisse faire plus de mal que tous les instincts réunis qui sont peut-être inhérents à l'homme – telle était effectivement la leçon qu'on pouvait apprendre à Jérusalem[39]. » La comparaison s'arrête néanmoins là, car, pour Voegelin, cette bêtise qu'a partagée tout un peuple consiste dans le refus de faire vivre notre participation au transcendant en se divinisant soi-même, en créant de façon grotesque un « homme nouveau », le risque étant de parvenir ce faisant à la déshumanisation de tous les autres êtres humains désormais au service du « surhomme ».

Hannah Arendt revint fréquemment en Allemagne après la guerre, et la première fois en 1949 pour un voyage de quatre mois, au terme duquel elle publia en 1950 un reportage, *Après le nazisme : les conséquences de la domination*[40]. En dépit du plaisir de retrouver Berlin et sa langue maternelle, dès le 14 décembre elle écrivait à son époux Heinrich Blücher, resté à New York : « Est-ce que tu sais combien tu avais raison de ne jamais vouloir rentrer ? [...] Les Allemands vivent du mensonge et de la bêtise. Cette dernière étant monumentale, vraiment[41]. » Constatant que personne en Allemagne n'établit de rapport entre le spectacle des ruines et Hitler, Arendt s'efforce d'analyser ce qui lui apparaît comme un refus de réalité se traduisant par une indifférence, une absence de réaction, une apathie, une absence d'émotion généralisée, un apparent manque de cœur des Allemands : « Les ruines sont vraies, les horreurs passées sont vraies, les morts sont vrais, eux que vous avez oubliés. Mais les Allemands sont des fantômes vivants (*lebende Gespenster*) que ne touchent plus ni le discours ni l'argument, ni le regard des hommes ni le deuil des cœurs[42]. » Arendt voit dans cette *Aperzeptionsverweigerung*, pour reprendre l'expression de Robert Musil dans *L'Homme sans qualités*, un phénomène récurrent en temps de crise et de déclin social qu'Eric Voegelin dénonçait lui aussi dans ses *Leçons*, une « destruction de la structure morale » de la société occidentale qu'elle impute aux crimes commis par les nazis. « Le totalitarisme, écrit-elle, arrache jusqu'aux racines[43] » : les Allemands sont désormais « sans voix », « inaptes à juger sainement les événements les plus élémentaires[44] ».

À la question que lui posa Samuel Grafton de savoir si à la lumière de cette « campagne politique » qui s'était déchaînée autour de son livre elle aurait changé quoi que ce soit, Hannah répondit : « La seule alternative aurait été de garder complètement le silence ; mais, à partir du moment où j'écrivais, j'étais tenue de dire la vérité telle que je la percevais[45]. »

Sylvie Courtine-Denamy

Notes

Introduction

1. Tel est le sous-titre du livre de Hannah Arendt *Eichmann in Jerusalem*. Le rapport parut tout d'abord en cinq livraisons (et sans sous-titre) dans la rubrique « A Reporter at Large » du journal *The New Yorker*, dans les numéros datés du 16 février au 16 mars 1963. Au mois de mai de la même année, l'éditeur new-yorkais Viking Press publia une édition légèrement modifiée de ces articles sous forme de livre : *Eichmann in Jerusalem : A Report on the Banality of Evil*. Voir également l'information bibliographique dans *Hannah Arendt Newsletter*, n° 4, avril 2001, p. 60. Nous citerons désormais *Eichmann in Jerusalem* d'après l'édition allemande.

2. Voir dans la présente édition p. 50 *sq* et note 9 de la p. 190.

3. Joachim Fest, *Les Maîtres du IIIe Reich*, *op. cit.*, p. 423.

4. Voir p. 41-69 du présent volume. L'entretien fut enregistré le 19 septembre. Les éditeurs l'ont publié pour la première fois dans la revue en ligne *HannahArendt.net*, 3/2005, dans la rubrique « Documents » ; voir également la Note des éditeurs, p. 42 [Cet enregistrement peut être écouté sur le site : http://www.youtube.com/watch?v=Dc6ZEa_8scM ou bien encore : http://wn.com/Hannah_Arendt_und_Joachim_Fest_über_Eichmann_und_die_Banalität_des_Bösen].

5. En 2005, peu avant sa mort, Joachim Fest s'est expliqué sur son activité de « conseiller littéraire » (Wolf Jobst Siedeler) dans un volume publié sous le titre *Die unbeantwortbaren Fragen*. Sa biographie de Speer avait été publiée en 1999. Pour de plus amples informations on se reportera à la Bibliographie.

6. « L'activité de penser en elle-même, l'habitude d'examiner tout ce qui vient à se produire ou attire l'attention, sans préjuger du contenu spécifique ou des conséquences, cette activité donc fait-elle partie des conditions qui poussent l'homme à éviter le mal et même le conditionnent négativement à

son égard ? » H. Arendt, *The Life of the Mind*, vol. 1, *Thinking*, New York, Londres, Harcourt, Brace, Jovanovitch, 1978 [*La Vie de l'esprit*, t. 1: *La Pensée*, Paris, PUF, 1981, trad. de l'américain par Lucienne Lotringer, p. 20.]

7. Lettre au Vassar College du 2 janvier 1961 à l'occasion de l'annulation d'une conférence. Une fois que le Premier ministre Ben Gourion eut informé l'opinion publique internationale qu'Eichmann serait traduit devant le tribunal de Jérusalem, Hannah Arendt demanda au *New Yorker* si elle pouvait participer officiellement au procès en qualité d'envoyée spéciale. Cela lui fut accordé, si bien qu'elle dut annuler ou déplacer une série d'engagements qu'elle avait déjà pris pour l'année 1961. Voir le récit détaillé qu'en donne Elisabeth Young-Bruehl in *Hannah Arendt. For Love of the World*, New Haven, Londres, Yale University Press, 1982 [*Hannah Arendt. Une biographie*, Paris, Calmann-Lévy, 1999, trad. de l'américain par Joël Roman et Étienne Tassin, p. 429-434 et en particulier p. 430 pour le passage cité ci-dessus].

8. Voir ses « Rapports de mission » [en anglais dans le texte : « *Field Reports* »], de même que sa correspondance avec Gershom Scholem, in *Der Briefwechsel 1939-1964*, Marie Luise Knott (dir.), Berlin, Suhrkamp, 2010 [*Correspondance*, trad. de l'allemand par Olivier Mannoni, Paris, Seuil, 2012].

9. Hannah Arendt à la Fondation Rockefeller le 20 décembre 1960, citée par Elisabeth Young-Bruehl, *Hannah Arendt. Une biographie*, *op. cit.*, p. 430. Hannah Arendt a assisté au procès de Jérusalem du 11 avril jusqu'en mai 1961, elle était donc présente lors de l'audition des premiers témoins. Elle retourna encore une fois à Jérusalem le 17 juin pour entendre durant environ une semaine Eichmann témoigner à la barre.

10. Hannah Arendt, *Eichmann in Jerusalem*, *op. cit.*, p. 373 / *E à J.*, p. 1263.

11. *Ibid.*, p. 399 / *E à J.*, p. 1283.

12. Hannah Arendt, *Eichmann in Jerusalem*, *op. cit.*, p. 127 [Cette phrase ne figure pas dans l'original anglais.]

13. *Ibid.*, p. 100 / *E à J.*, p. 1044.

14. *Ibid.*, p. 176 / *E à J.*, p. 1105.

15. *Ibid.*, p. 57 / *E à J.*, p. 1296.

16. *Ibid*, p. 132 / *E à J.*, p. 1070. Voir également l'entretien télévisé de Hannah Arendt avec Günter Gaus, « Seule demeure la langue maternelle », in *La Tradition cachée. Le Juif comme paria*, Paris, Christian Bourgois, 1987, trad. de l'allemand et de l'anglais par S. Courtine-Denamy, p. 245.

17. Hannah Arendt à Mary McCarthy, 7 juin 1962, *in* H. Arendt-M. McCarthy, *Correspondance, 1949-1975*, Paris, Stock, 1996, révisée, présentée et annotée par Carol Brightman, trad. de l'américain par F. Adelstain, p. 209.

18. Pour les citations qui précèdent, voir la *Correspondance* avec Mary McCarthy, *op. cit.*, Lettres des 20 mai, 7 juin et 30 octobre 1962, respectivement

p. 202, p. 208 et p. 216. À la même époque paraissait le livre d'Arendt *On Revolution* dans le manuscrit définitif duquel Mary McCarthy était impliquée à titre de critique ainsi que pour l'« anglicisation ». Arendt a conservé les « matériaux du procès » qu'elle a choisis : ils font aujourd'hui partie de son Fonds à la Library of Congress (on en trouve des copies au centre Hannah Arendt de l'université d'Oldenburg), ils renferment quantité de traces de lecture.

19. Cité d'après une lettre de Mary McCarthy datée du 13 mars 1963, conservée à la Library of Congress, et qui ne figure pas dans la *Correspondance* H. Arendt-M. McCarthy.

20. Hannah Arendt à Karl Jaspers, 20 juillet 1963, *in* H. Arendt-K. Jaspers, *Briefwechsel 1926-1969*, Zurich-Munich, Piper, 1985 [H. Arendt-K. Jaspers, *Correspondance, 1926-1969*, trad. de l'allemand par E. Kaufholz-Messmer, Avant-propos de Lotte Köhler et Hans Saner, Paris, Payot & Rivages, 1995, p. 680].

21. Joachim Fest, « Das Mädchen aus der Fremde : Hannah Arendt und das Leben auf lauter Zwischenstationen » *in* J. Fest, *Begegnungen. Über nahe und ferne Freunde*, Reinbek bei Hamburg, Rowohlt, 2004, p. 180.

22. Voir l'article correspondant dans Israel Gutman (dir.), *Enzyklopädie des Holocaust : Die Verfolgung und Ermordung der europäischen Juden*, Munich, Zurich, Piper, 2e éd., 1998, t. 1, p. 74 *sq.*

23. La déclaration, dont le document est reproduit ci-après aux p. 125-128 est parue pour la première fois dans *MB*, le bulletin d'information (*Mitteilungsblatt*) de l'Irgoun Olej Merkas Europa publié à Tel Aviv. Sur ce point ainsi que sur les autres publications sur le même sujet, voir Richard J. Cohen dans le chapitre « Jews from Germany and *Eichmann in Jerusalem* » dans son étude « Breaking the Code : Hannah Arendt's *Eichmann in Jerusalem* and the Public Polemic : Myth, Memory, and Historical Imagination », in *Michael : On the History of the Jews in Diaspora*, XIII, Tel Aviv 1993, p. 29-85, et 46-59 ; voir également du même auteur : « A Generation's Response to *Eichmann in Jerusalem* », in *Hannah Arendt in Jerusalem*, Steven Aschheim (dir.), Berkeley, University of California Press, 2001, p. 253-277, en particulier p. 257-267. La déclaration publique avait été précédée par un échange de lettres privées entre Siegfried Moses, l'ancien président du Conseil, et Hannah Arendt dans lequel Moses annonçait quelles étaient les intentions du Conseil. Voir à ce sujet Elisabeth Young-Bruehl, *Hannah Arendt. Une biographie, op. cit.*, p. 456.

24. Raul Hilberg, *The Destruction of the European Jews*, Chicago, Quadrangle Books, 1961 [*La Destruction des Juifs d'Europe*, trad. par Marie-France de Paloméra et André Charpentier, Paris, Fayard, 2007].

25. Conseil des Juifs d'Allemagne, « Die Reaktion der Juden... », p. AR111.

26. « Um Ehre und Rettung : Die jüdische Führung in der Nazizeit » est

le titre du premier article d'une série de publications dans *MB*, dont l'auteur est Kurt Löwenstein, voir *MB*, n° 14-15 du 5 avril 1963, p. 9-11.

27. La brochure parut sous le titre *Nach dem Eichmannprozess : Zu einer Kontroverse über die Haltung der Juden.* L'année suivante les contributions furent reprises dans le volume *Die Kontroverse*, qui parut à Munich aux éditions Nymphenburger ; pour de plus amples détails concernant ces deux titres, on se reportera à la Bibliographie. Siegfried Moses écrivit une préface à la brochure, *Nach dem Eichmannprozess*, d'où est extraite la citation ci-dessus, p. 6. Comme le précise l'éditeur dans une Remarque liminaire, *Die Kontroverse* rassemble « les conférences, critiques et commentaires [...] les plus importants parus depuis la publication du livre controversé de Hannah Arendt ». Il s'agit essentiellement d'un recueil d'« exposés contradictoires », comme l'indique son titre, même si beaucoup d'entre eux ne méritent pas cette appellation, compte tenu de leur caractère « acariâtre et mesquin » (F. K. Fromme). Aucune place n'est faite à Hannah Arendt – pas même lorsqu'il existe des déclarations publiques de sa plume. *Die Kontroverse* reproduit ainsi la critique de Musmanno (voir *infra* note 32), mais pas le « *statement* » d'Arendt (voir note 34) ; de même la lettre de Scholem est-elle reproduite, mais pas la réponse d'Arendt (voir note 30).

28. Quelques articles qui parurent dans *Aufbau* sont reproduits dans *Die Kontroverse.*

29. Hannah Arendt à Karl Jaspers, 9 août 1963, *in* H. Arendt-K. Jaspers, *Correspondance...*, *op. cit.*, p. 688.

30. Hannah Arendt, « Sie haben mich missverstanden : Die Autorin antwortet Gershon [*sic*] Scholem », in *Aufbau : An American Weekly*, 20 décembre 1963 (supplément bi-mensuel « Der Zeitgeist »), p. 17 *sq.* Les lettres, à l'origine un échange privé (Lettre de Scholem à Arendt, Jérusalem, le 23 juin 1963 et Lettre d'Arendt à Scholem, New York, 20 juillet 1963), publiées pour la première fois dans *MB* le 16 août 1963, sont parues le 19 octobre 1963 dans la *Neue Zürcher Zeitung* puis en anglais dans *Encounter* (n° 1/1964, p. 51-56). Ce sont les pièces les plus fréquemment citées et reproduites, et également celles qui ont donné lieu aux commentaires les plus détaillés, *in* H. Arendt-G. Scholem, *Correspondance*, *op. cit.*, p. 418-423 et p. 427-434. À propos de la publication de ces lettres, voir également Hannah Arendt à Karl Jaspers, 20 octobre 1963, in *Correspondance...*, *op. cit.*, p. 697-698.

31. Josef Maier, « Was hat Hannah Arendt eigentlich gesagt ? », in *Aufbau*, 20 décembre 1963, p. 17 *sq.* [« Qu'est-ce que Hannah Arendt a vraiment dit ? », in *Eichmann à Jérusalem*, *op. cit.*, Dossier critique, « La Controverse autour d'*Eichmann à Jérusalem*, trad. de l'allemand par Sylvie Courtine-Denamy, p. 1406-1409]. Nous insistons de façon détaillée sur la

contribution de Maier à la controverse, car il n'est pas exclu qu'Arendt ait elle-même participé à cette mise au point ou qu'elle se soit explicitement entendue avec Maier. L'article de Maier dans *Aufbau* présente visiblement des ressemblances avec une lettre qu'Arendt a écrit le 29 août 1963 à Robert Weltsch dont on trouve copie dans le Fonds Jaspers – initialement au Deutsche Literatur Archiv (DLA), cote A : Jaspers, boîte 46 (=15). Voir également Elisabeth Young-Bruehl, *Hannah Arend. Une biographie*, *op. cit.*, p. 461.

32. Michael A. Musmanno, « Man with an Unspotted Conscience : Adolf Eichmann's Role in the Nazi Mania Is Weighed in Hannah Arendt's New Book », in *The New York Times Review of Books*, 19 mai 1963, p. 1, p. 40 *sq.*

33. Hannah Arendt, *Eichmann in Jerusalem*, *op. cit.*, p. 320 *sq.* / *E à J.*, p. 1221 *sq.*

34. Le « *statement* » manuscrit du 31 mai 1963, rédigé comme une lettre de lecteur s'adressant au « *Dear Editor* », se trouve dans les Papers de la Library of Congress ; la version imprimée a été publiée dans *The New York Times Review of Books* le 23 juin 1963, p. 4 *sq.* Voir également Hannah Arendt et Mary McCarthy le 20 septembre 1963, in *Correspondance…*, *op. cit.*, p. 225-226.

35. Voir « A Reply from Judge Musmanno », in *The New York Times Review of Books* du 23 juin 1963, p. 4 *sq.* Sur les efforts privés déployés par le juge Musmanno, voir les correspondances conservées dans les Hannah Arendt Papers de la Library of Congress. Musmanno a remporté une victoire contre le *New Yorker* (la correspondance est consultable en ligne) dans la mesure où, contrairement à ses habitudes, la rédaction s'est exprimée dans un éditorial (une sorte de rattrapage) (voir à ce sujet la Lettre n° 3 de Joachim Fest à Hannah Arendt, p. 76 et la note 38).

36. Voir Anthony Grafton « Arendt und Eichmann am Esstich », in *Hannah Arendt Revisited : "Eichmann in Jerusalem" und die Folgen*, Garry Smith (dir.), Francfort-sur-le-Main, Suhrkamp, 2000, p. 57-77.

37. Hannah Arendt-Karl Jaspers, *Correspondance, 1926-1969*, trad. de l'allemand par E. Kaufholz-Messmer, Avant-propos de Lotte Köhler et Hans Saner, Paris, Payot & Rivages, lettre 331 du 20 juillet 1963, p. 681-682.

38. Anson Rabinbach, « Hannah Arendt und die New Yorker Intellektuellen », in *Hannah Arendt Revisited*, *op. cit.*, p. 33-56, p. 53, 41 ; voir également « Eichmann in New York : The New York Intellectuals and the Hannah Arendt Controversy », in *October* 108, printemps 2004, p. 97-111.

39. Golo Mann, « Der verdrehte Eichmann » in *Die Zeit* du 24 janvier 1964, ainsi qu'un extrait du même auteur « Hannah Arendt und der Eichmann Prozess » in *Die Neue Rundschau* 74, 1963, n° 4, p. 626-633.

40. Golo Mann, « Der verdrehte Eichmann », version in *Die Kontroverse*, p. 190-198.

41. C'est en ce sens qu'a été publiquement accueillie *Die Kontroverse*, voir par exemple Manfred Hennigsen dans le *Abendzeitung* de Munich, 26-27 septembre 1964, où une séquence de portraits présente « Die Front der Arendt-Gegner », en l'occurrence Martin Buber, le pasteur Grüber, Manès Sperber et Golo Mann, lesquels avaient tous contribué à titre d'auteurs à *Die Kontroverse*. Le pasteur Grüber écrit par exemple dans le volume *Die Kontroverse* (p. 235) qu' « il aurait mieux valu que le livre d'Arendt n'eût pas été écrit » et, dans sa lettre à Klaus Piper du 24 août 1964, il estime qu'une édition allemande de ce livre serait « un très mauvais service à nous rendre et surtout pour la jeunesse allemande » ; la toute dernière citation est extraite de l'article de Klaus Naumann, « Sympathy for the Devil ? », p. 70. Voir également Rolf Schroers (*Die Kontroverse*, p. 199), selon lequel Golo Mann aurait « vivement conseillé de ne pas procéder à une édition allemande ».

42. Voir les lettres de Klaus Piper à Karl Jaspers du 12 août 1964 et du 15 octobre 1964, copies au DLA, cote A : Piper.

43. Voir note 34, les prises de position d'Arendt citées dans la *New York Times Review of Books*.

44. Hannah Arendt à M. McCarthy le 3 octobre 1963, in *Correspondance...*, *op. cit.*, p. 238 *sq.* Hannah Arendt publiera tout d'abord en 1967 un essai intitulé « Vérité et politique » [in *La Crise de la culture*, Paris, Gallimard, 1972, sous la direction de P. Lévy, trad. E. Adda *et al.*, p. 289-336]. Dans la Préface à l'édition allemande d'*Eichmann in Jerusalem*, elle s'en prend à ce « point de vue ». Voir également note 46.

45. Elle ne donne son accord, même si c'est à contrecœur, que pour la publication de son échange privé avec Scholem, voir *supra* note 30. On peut relire les réactions d'Arendt à la controverse notamment dans ses correspondances avec Karl Jaspers et Mary McCarthy.

46. Hannah Arendt, Préface, in *Eichmann in Jerusalem*, *op. cit.*, p. 49-68. Hannah Arendt a remanié cette préface pour la seconde édition anglaise du livre (1965) et l'a ajoutée à titre de Post-scriptum.

47. Dans le Fonds Arendt à la Library of Congress, dans la rubrique « Essays and Lectures », on trouve un classeur intitulé « Eichmann, Adolf-Lectures, various venues 1962-1964 » (32 « images » numérisées, consultables en ligne). On y trouve, entre autres, des notes pour six conférences auprès de différentes universités américaines. S'y ajoutent les manuscrits cités en note 49.

48. Hannah Arendt à Karl Jaspers, *Correspondance...*, *op. cit.*, Lettre 333 du 9 août 1963, p. 688.

49. Paper « Columbia University-Jewish Students-Eichmann-23 juillet 1963 », deux pages dactylographiées, The Hannah Arendt Papers sous la

rubrique « Private Replies to Jewish Critics », « images numérisées 5 et 6 » consultables en ligne ; voir également Paper « Chicago-University-Jewish Students-30 octobre 1963 », quatre pages dactylographiées, au même endroit, « images 9-12 » numérisées, consultables en ligne.

50. Hannah Arendt à Karl Jaspers, Lettre 348 du 19 février 1964, in *Correspondance...*, *op. cit.*, p. 725.

51. Voir les descriptions du conflit que donne Hannah Arendt dans une lettre à Karl Jaspers du 8 février 1963, in *Correspondance...*, *op. cit.*, p. 666.

52. Voir à ce sujet Thomas Wild, *Nach dem Geschichtsbruch. Deutsche Schriftsteller um Hannah Arendt*, Berlin, Matthes & Seitz, 2009, p. 120-146. L'édition allemande fut finalement traduite par Brigitte Granzow, Hannah Arendt l'ayant autorisée. Voir la note 1 de l'Introduction ainsi que la Bibliographie pour les autres éditions.

53. Karl Jaspers à Hannah Arendt, 25 avril 1964, in *Correspondance...*, *op. cit.*, p. 736.

54. Une édition partielle et abrégée du chapitre II (« L'Accusé ») et du chapitre III (« Un spécialiste de la question juive ») fut publiée dans le numéro d'août 1963 du *Merkur* (17e année, p. 759-776). *Die Zeit* publia le 11 septembre 1964 (p. 30) « des passages essentiels » de la Préface à l'édition allemande sous le titre « Schuld bleibt Schuld : Wider die Theorie vom "Rädchen in Getriebe" ». Enfin, la Préface fut intégralement rééditée dans le numéro B 45 du 4 novembre 1964, p. 39-47, du supplément *Aus Politik und Zeitgeschichte.*

55. Mary McCarthy, « Ein Dokument ethischer Verantwortung. Zu Hannah Arendts Bericht "Eichmann in Jerusalem" », in *Die Welt*, 19 octobre 1964, réédité dans la présente édition, p. 129-156 Joachim Fest a reçu de la part de Klaus Piper une version manuscrite en allemand de l'article de Mary McCarthy, ainsi que d'autres matériaux en vue de la préparation de son entretien avec Hannah Arendt. Voir Lettre 3, note 15.

56. Les éditions Piper avaient invité les journalistes à la conférence de presse qui devait se tenir à la Villa Bonn du Commerce et de l'Industrie à Francfort. Elle eut lieu le jeudi 17 septembre. Des comptes rendus en furent publiés dans le *Münchener Merkur* du 19 septembre 1964 ainsi que dans *Die Zeit* du 25 septembre 1964, p. 17 *sq.*

57. L'interview pour la ZDF fut enregistrée dans le cadre de la série « Zur Person » le mercredi 16 septembre, diffusée pour la première fois le 28 octobre 1964 et reçut le prix Adolf-Grimme en 1964. Elle fut publiée pour la première fois sous le titre *Was bleibt ? Es bleibt die Muttersprache* dans l'édition en deux volumes de Günter Gaus, *Zur Person : Porträts in Frage und Antwort*, Munich, Feder, 1984, vol. 1, p. 13-32 [« Seule demeure la langue maternelle », trad. par S. Courtine-Denamy, in *La Tradition cachée*, *op. cit.*].

Cette version a été rééditée à plusieurs reprises, voir les éditions citées dans la Bibliographie.

58. Hannah Arendt à Karl Jaspers, Lettre 351 du 20 avril 1964, in *Correspondance...*, *op. cit.*, p. 731.

59. Hannah Arendt à Joachim Fest, 13 août 1964, Lettre 2 du présent volume, p. 75.

60. Joachim Fest, *Les Maîtres du IIIe Reich*, *op. cit.*, p. 14.

61. Joachim Fest à Hannah Arendt, 10 août 1964, Lettre 1 du présent volume. Les deux auteurs sont ébranlés par l'échec de la « raison politique » et par « l'absence de volonté de juger » du peuple allemand ; tous deux soulignent à ce sujet que la « mise au pas » généralisée que s'imposent les universitaires et les intellectuels fait particulièrement l'effet d'une douche froide. Voir Joachim Fest, *Les Maîtres du IIIe Reich*, *op. cit.*, p. 13 et p. 367 ; Hannah Arendt s'exprime sur ces sujets dans *Les Origines du totalitarisme* (entre autres dans la section « Le peuple et la populace »), dans sa conférence « Responsabilité personnelle et régime dictatorial » (1964) [in *Penser l'événement*, sous la direction de Claude Habib, Paris, Belin, 1989, trad. de Michelle-Irène B. de Launay], ainsi que dans son interview avec Günter Gaus (voir Bibliographie).

62. Joachim Fest, *Les Maîtres du IIIe Reich*, *op. cit.*, p. 12.

63. Hannah Arendt à Joachim Fest, 13 août 1964, Lettre 2 du présent volume, p. 75.

64. Sur ce sujet ainsi que pour les citations de Joachim Fest qui précèdent, voir les lettres à Hannah Arendt respectivement du 10 et du 28 août 1964 (Lettre 1 et Lettre 3 du présent volume, p. 73 et p. 76).

65. Voir sur ce point ainsi que pour les citations suivantes la lettre de Hannah Arendt à Joachim Fest du 6 septembre 1964 (Lettre 4 du présent volume, p. 87).

66. Voir la lettre de Joachim Fest à Hannah Arendt du 10 septembre 1964 (Lettre 5 du présent volume, p. 91).

67. Voir la lettre de Hannah Arendt à Joachim Fest du 6 septembre 1964 (Lettre 4 du présent volume, p. 87).

68. Joachim Fest, *Les Maîtres du IIIe Reich*, *op. cit.*, p. 423.

69. Voir Joachim Fest, « Das Mädchen aus der Fremde », art. cit., p. 185. Le 17 septembre 1964 était le 90e jour du procès, voir la section « Die Männer mit dem schwachen Gewissen » dans le volume édité par Bernd Naumann : *Auschwitz : Bericht über die Strafsache gegen Mulka und andere vor dem Schwurgericht Frankfurt*, Francfort sur-le-Main, Athenaüm, 1965, p. 306 *sq.* Hannah Arendt écrira une préface à l'édition anglaise de ce livre (Praeger, 1966), laquelle parut d'abord en allemand en 1989 dans une traduction d'Eike Geisel. Un exemplaire de l'édition allemande de 1964 se trouve dans la « Hannah

Arendt Collection » du Bard College, il contient des annotations manuscrites de Hannah Arendt.

70. À ce sujet et pour les citations suivantes, voir p. 63 et p. 68 de la présente édition.

71. Joachim Fest, *Les Maîtres du IIIe Reich*, *op. cit.*, p. 249-250.

72. Ils se rencontrèrent en outre à plusieurs reprises dans les années 1970, comme le rapporte Joachim Fest dans son portrait-souvenir « Das Mädchen aus der Fremde », art. cit.

73. Joachim Fest à Hannah Arendt, le 7 septembre 1970 (Lettre 9 du présent volume, p. 102).

74. Hannah Arendt à Joachim Fest, 23 décembre 1969 (Lettre 8 du présent volume, p. 101).

75. Hannah Arendt à Joachim Fest, 14 septembre 1970 (Lettre 10 du présent volume, p. 104).

76. Voir Joachim Fest, « Das Grauen und die Komik der Geschichte : Die Doppelwelt des Hugh R. Trevor-Roper », *in* Joachim Fest, *Begegnungen...*, *op. cit.*, p. 313-346, p. 326 *sq.*

77. L'exemplaire est conservé dans la « Hannah Arendt Collection » de la Bibliothèque du Bard College.

78. Dans *Begegnungen...*, *op. cit.*, Fest se souvient que ses éditeurs américains William Jovanovitch et Helen Wolff qui « donnèrent le coup d'envoi » à son livre auraient auparavant demandé à leurs « collègues experts en la matière », et notamment à Hannah Arendt, de leur recommander un auteur susceptible d'entreprendre une biographie de Hitler. Voir Joachim Fest, « Das Grauen und die Komik der Geschichte : Die Doppelwelt des Hugh R. Trevor-Roper », *in* J. Fest, *Begegnungen...*, *op. cit.*, p. 313-346, p. 328.

79. Joachim Fest à Hannah Arendt, 7 septembre 1970 (Lettre 9 du présent volume, p. 102).

80. Joachim Fest, *Die unbeantwortbaren Fragen*, *op. cit.*, p. 21.

81. Voir sur ce point et pour les citations suivantes Hannah Arendt à Joachim Fest, 14 septembre 1970 (Lettre 10 du présent volume, p. 104).

82. Joachim Fest, *Les Maîtres du IIIe Reich*, *op. cit.*, p. 284.

83. Voir sur ce point et pour les citations suivantes Joachim Fest à Hannah Arendt, 5 janvier 1971 (Lettre 11 du présent volume, p. 107).

84. Voir sur ce point ainsi que pour les citations suivantes Hannah Arendt à Joachim Fest, 14 septembre 1970 (Lettre 10 du présent volume, p. 104).

85. Albert Speer, *Au cœur du Troisième Reich*, *op. cit.*, p. 8.

86. Joachim Fest à Hannah Arendt, 5 janvier 1971 (Lettre 11 du présent volume, p. 107).

87. Cela rappelle une scène qui s'est déroulé lorsque la biographie de Joachim Fest sur Hitler parut au printemps 1973 et que l'éditeur Wolf Jobst

Siedler donna une réception en l'honneur de l'auteur. Marcel Reich-Ranicki, auquel Fest venait tout juste de succéder dans les pages culturelles de la *Frankfurter Allgemeinene Zeitung*, était invité. « Je ne savais pas qu'Albert Speer participerait également à la réception, se souvient Reich-Ranicki. Lorsque j'entrai et que je vis Speer, je me demandai si je ne devais pas me retirer. Mais Siedler se tenait derrière moi et me poussa dans ses bras. Speer se montra très amical envers moi ce soir-là. Il n'avait pas l'apparence brutale de tant de dirigeants nazis. Ce fut pour moi une rencontre inoubliable. Il était absolument évident pour moi que Speer avait contribué à l'assassinat de mes parents, c'était absolument évident », Marcel Reich-Ranicki interviewé par Stefan Aust et Frank Schirrmacher : « Wie ein kleiner Setzer in Polen über Adolf Hitler triumphierte », in *Frankfurter Allgemeine Zeitung*, 2 avril 2005, p. 39. Je remercie Esther Dischereit pour la référence à cet article. Voir également la description de cet événement dans l'autobiographie de Reich-Ranicki, *Mein Leben*, Stuttgart, Deutsche Verlags-Anstalt, 1999, p. 480 *sq.*

88. Joachim Fest à Hannah Arendt, 1er octobre 1973 (Lettre 16 du présent volume, p. 114).

89. On trouvera les références exactes de la citation de Brecht dans la note 86 de la lettre de Hannah Arendt à Joachim Fest datée du 18 décembre 1973 (Lettre 17 du présent volume, p. 210). Voir également l'interprétation que donne Arendt de cette citation dans son entretien télévisé avec Roger Errera qui eut lieu seulement deux mois plus tôt, en octobre 1973, *in* Hannah Arendt, *Ich will verstehen. Selbstauskünfte zu Leben und Werk*, Ursula Ludz (dir.), Munich, Zurich, Piper, 1996, p. 114-131 ; elle résume sa pensée p. 132 : « Si vous désirez rester intègre dans de telles circonstances [celles auxquelles la citation de Brecht fait référence], vous ne pouvez le faire qu'en vous souvenant quelle était autrefois votre ancienne manière de considérer de telles choses, et en disant : "Quoi qu'il fasse ou ne fasse pas, et quand bien même aurait-il tué dix millions de personnes, il n'en demeure pas moins un clown." »

90. Voir également à ce sujet l'essai de Reinhard Baumgart, « Mit Mördern leben ? Ein Nachwort zu Hannah Arendts Buch » [« Vivre avec les meurtriers ? Une postface au livre de Hannah Arendt »], Document en Annexe de ce volume, p. 157-167.

91. Emmanuel Kant, *Critique de la raison pure*, [B172], note : « Le manque de faculté de juger est proprement ce que l'on nomme la sottise, et à tel vice il n'y a pas de remède », in *Œuvres philosophiques*, I, sous la direction de Ferdinand Alquié, Paris, Gallimard, 1985, « Bibliothèque de la Pléiade », trad. par J. Barni, revue, modifiée et corrigée par A. J.-L. Delamarre et F. Marty, p. 881.

92. Voir pour les deux précédentes citations l'Entretien radiophonique dans le présent volume, p. 52 *sq*.

Entretien radiophonique du 9 novembre 1964

1. À l'époque de l'interview, de nombreuses audiences publiques avaient lieu à Francfort autour du premier procès d'Auschwitz en Allemagne : la procédure pénale 4 Ks2/63 contre Mulka et d'autres. Le procès dirigé par Fritz Bauer, autrefois procureur général de Hesse, est le plus important de l'histoire de la justice allemande. Il dura vingt mois – du 20 décembre au 20 août 1965 –, 22 criminels nazis en tout furent accusés et jugés (dont 3 furent acquittés). Voir la documentation du procès publiée par Irmtrud Wojak à l'occasion d'une exposition de l'Institut Fritz Bauer, *Auschwitz-Prozess. 4 Ks2/63, Francfort-sur-le-Main*, Cologne, Snoeck, 2004. Arendt et Fest ont assisté ensemble à une audition à la Maison Gallus, voir à ce sujet l'Introduction des éditeurs, p. 31 et la note 69 de la p. 186.

2. Le 11 mai 1960 Eichmann fut arrêté par les services secrets israéliens à San Fernando, près de Buenos Aires, en Argentine ; neuf jours plus tard il fut transféré en Israël.

3. Voir Hannah Arendt au tout début de son livre *Eichmann in Jerusalem, op. cit.* (*E à J.*, p. 1030-1034) où elle constate : « C'est en Allemagne que les conséquences du procès Eichmann eurent, sans nul doute, la plus grande portée. » La nouvelle de l'arrestation d'Eichmann aurait incité les autorités allemandes, en dépit d'une forte répugnance de la part de la population, à tenter du moins de capturer « les assassins parmi nous » – avec des résultats surprenants : entre autres, le successeur du commandant d'Auschwitz Rudolf Höss, de même que la plupart des membres de ce qu'on appelait le commando Eichmann furent arrêtés. Cependant, bien que les meurtriers de masse qui avaient continué à vivre sans être inquiétés en Allemagne et en Autriche comparaissaient devant le tribunal, on n'infligea « souvent en première instance que des sentences extraordinairement clémentes aux accusés ». Le procès Eichmann aurait également mis le gouvernement Adenauer sous pression ; plus de 140 juges, procureurs et hauts fonctionnaires de la police compromis par leur passé sous le IIIe Reich furent licenciés. Néanmoins, face au fait qu'au début des années 1960 presque la moitié des juges de la République fédérale avaient été actifs sous le régime hitlérien, il ne s'agissait là que d' « une goutte d'eau dans la mer ».

4. Le procès de Nuremberg contre les grands criminels de guerre s'est déroulé du 20 novembre 1945 au 1er octobre 1946. Vingt dirigeants

importants du IIIe Reich issus de la politique, de l'armée et de l'économie durent s'expliquer au palais de justice de Nuremberg face à un tribunal pénal militaire international tout spécialement créé. Cette procédure de jugement fut suivie de douze autres procès devant une cour de justice militaire américaine, au cours desquels 185 personnes furent contraintes de s'expliquer. Il y eut ainsi le procès des médecins, le procès contre Friedrich Flick et le procès d'IG-Farben. Le dernier procès (contre le haut commandement de la Wehrmacht) s'acheva le 14 avril 1949. Voir également p. 58 *sq*, et note 26.

5. Voir le chapitre « La quête du bonheur » *in* Hannah Arendt, *De la Révolution*, *op. cit.*, p. 426-449, in *L'Humaine Condition*, *op. cit.* ; voir également Hannah Arendt, « Action and the Pursuit of Happiness », *in* Alois Dempf *et al.* (dir.), *Politische Ordnung und menschliche Existenz : Festgabe für Eric Voegelin zum 60. Geburtstag*, Munich, Beck, 1962, p. 1-16. Dans une interview autour de 1968 avec Adelbert Reif, Hannah Arendt s'est exprimée sur le « plaisir de l'action » ainsi que sur le fait que « l'action procure un divertissement » dans le contexte de la révolution étudiante internationale et du mouvement des droits civils américains, *in* Adelbert Reif, *On Violence* (1970), trad. de l'américain par G. Durand, *Du mensonge à la violence. Essais de politique contemporaine*, in *L'Humaine Condition*, *op. cit.*, p. 914-973, 914-917.

6. Joachim Fest argumente également contre la tendance à diaboliser dans *Les Maîtres du IIIe Reich*. « L'analyse de la structure psychologique d'un régime totalitaire ne relève pas, comme on l'a souvent cru, de la démonologie », écrit-il dans son dernier chapitre « Un essai de synthèse » : « Le chroniqueur de cette époque reste perplexe devant le problème qui se pose à lui : montrer comment tant d'incapacité, de médiocrité et d'absence de caractère a pu provoquer de telles répercussions », p. 423.

7. Voir notamment Bertolt Brecht, *Der gute Mensch von Sezuan*, in *Werke. Grosse Berliner und Frankfurter Ausgabe, Band. 6 : Stücke 6,* Werner Hecht *et al.* (dir.), Berlin, Francfort-sur-le-Main, Aufbau et Suhrkamp, 1989, p. 175-281 [B. Brecht, *La Bonne Âme de Se-Tchouan*, in *Théâtre complet*, V, Paris, L'Arche, 1956, p. 12-114].

8. Voir sur ce point la conférence de Hannah Arendt « Some questions of Moral Philosophy » (1965) [*Considérations morales*, Paris, Rivages poche, 1996, trad. de l'anglais par Marc Ducassou et Didier Maes].

9. La note des *Journaux* de Jünger à laquelle se réfère Hannah Arendt mentionne le lieu « Kirchhorst » – près de Hanovre, le domicile de Jünger à l'époque –, et elle est datée du 17 mai 1942 : « Suis allé en voiture chez le coiffeur. Là, conversation sur les prisonniers russes qu'on nous envoie des camps, comme main-d'œuvre. "Il doit y avoir de sales types parmi eux. Ils prennent la pâtée des chiens pour la bouffer." Noté mot pour mot. Il semble parfois que le peuple allemand soit monté par le diable », Ernst Jünger, *Strahlungen*,

Tübingen, Heliopolis, 1945, p. 117 (Cette note diffère de l'édition des *Werke* [*Tagebücher II*, p. 3432] dans laquelle la dernière phrase manque) [Ernst Jünger, *Journaux de guerre*, II, 1939-1948, Paris, Gallimard, « Bibliothèque de la Pléiade », 2008, édition établie par Julien Hervier avec la collaboration de Pascal Mercier et François Poncet, *Rayonnements*, p. 303]. Dans le rapport qu'elle publia aux États-Unis en 1950, de retour de son premier voyage en Allemagne après la guerre, « The Aftermath of Nazi Rule », [« Après le nazisme, les conséquences de la domination », in *Penser l'événement*, sous la direction de Claude Habib, trad. de l'anglais par C. Habib, Paris, Belin, 1989], Arendt avait déjà fait référence à cette histoire. Voir également sur ce point Barbara Hahn, « Lesen : Ernst Jünger » *in* Barbara Hahn et Marie Luise Knott, *Hannah Arendt – Von den Dichtern erwarten wir Wahrheit*, Ausstellung Literaturhaus, Berlin, Matthes & Seitz, s. d. [2006], p. 54 *sq.*].

10. Rudolf Höss (1900-1947), lieutenant-colonel de la SS, fut de mai 1940 à novembre 1943 le commandant du camp d'Auschwitz. C'est sous sa direction que fut édifié le camp d'extermination dans lequel près d'un million de personnes furent exterminées. Höss fut arrêté en 1946 par une unité britannique, extradé de Pologne, condamné à mort en avril 1947 et pendu dans son ancienne villa d'Auschwitz. Voir également Joachim Fest, « Rudolf Höss. L'homme de la foule », in *Les Maîtres du IIIe Reich*, p. 401-419. [Robert Merle a tiré un roman historique inspiré de la biographie de Höss, *La Mort est mon métier*, Paris, Gallimard, 1952.]

11. Dans son Rapport, Hannah Arendt relate qu'Eichmann aurait affirmé « avoir suivi toute sa vie les préceptes moraux de Kant, et en particulier qu'il avait agi selon la définition kantienne du devoir. À première vue, cela semblait révoltant et en outre incompréhensible, compte tenu du fait que la doctrine morale de Kant est si étroitement liée à la faculté humaine de jugement, c'est-à-dire qu'elle est le contraire de l'obéissance aveugle. [...] Dans la philosophie de Kant, cette source [du jugement législatif] était la raison pratique ; dans l'usage domestique qu'en faisait Eichmann, cette source était identifiée à la volonté du Führer », *Eichmann in Jerusalem, op. cit.*, p. 232 *sq.* / *E à J.*, p. 1150. [Lors d'un récent colloque international consacré au Procès Eichmann, Réceptions, médiations, postérités organisé par l'Hicsa et l'Irice les 7, 8 et 9 juin 2011, Johann Chapoutat a rappelé de façon très éclairante dans sa communication « Eichmann, un nazi kantien », l'importance de Kant dans les manuels nazis, où il était cité, fournissant notamment deux exemples de détournement du sens de l'impératif catégorique : « Agis comme tout Allemand de telle sorte que ton peuple puisse t'ériger en modèle » (Walter Darré), ou encore : « Agis de telle sorte que le Führer, s'il prenait connaissance de ton acte, l'approuverait » (Hans Frank, *Die Technik des Staates*, Berlin, Deutcher Rechtverlag, 1942, p. 15-16).]

12. Wilhelm Boger (1906-1977), adjudant de la SS, fut condamné en 1965 au cours du procès d'Auschwitz à Francfort à la prison à perpétuité. Parmi les accusés, il était « le pire des experts en "interrogatoires poussés" à l'aide de la "balançoire Bogel" », relate Hannah Arendt dans son Introduction au livre de Bernd Naumann, *Auschwitz : A Report on the Proceeedings* [« Le Procès d'Auschwitz » (1966) in *Auschwitz et Jérusalem*, Paris, Deux Temps-Tierce, 1991, trad. par Sylvie Courtine-Denamy].

13. Emmanuel Kant, *Critique de la faculté de juger*, § 40, in *Œuvres philosophiques, op. cit.*, II, p. 1073 ; à propos de la maxime de Kant sur « la mentalité élargie », voir Hannah Arendt, par exemple dans sa conférence sur la philosophie politique de Kant (1970), *Lectures on Kant's Political Philosophy*, University of Chicago Press, Harcourt, Brace, Jovanovitch, Inc., 1977 [*Juger. Sur la philosophie politique de Kant*, Paris, Seuil, 1991, trad. de l'anglais par Myriam Revault d'Allones, suivi de deux essais interprétatifs par Ronald Beiner et Myriam Revault d'Allonnes, p. 108]. Voir également la Lettre n° 12, note 76 du présent volume.

14. Voir Hannah Arendt, *Eichmann in Jerusalem, op. cit.*, p. 101 : « Lorsque "finalement" il [Eichmann] retrouva "le sens de la vie" dans un camp de prisonniers américains, il écrivit, ainsi que le relate Mulisch : "Tout était désormais rentré dans l'ordre, mon âme pouvait à nouveau s'apaiser car je n'étais plus privé de direction mais tout redevenait comme toujours et tout pouvait continuer" » [ce passage ne figure pas dans l'original anglais]. Sur Harry Mulisch voir *infra* note 25, p. 194.

15. Dans son *Rapport sur la banalité du mal*, Arendt note à propos d'Eichmann : « Étant donné qu'il avait non seulement accompli ce qu'il considérait comme les devoirs d'un citoyen loyal, mais qu'il avait surtout toujours agi selon les ordres en prenant soin d'être suffisamment "couvert", il a fini par s'embrouiller complètement jusqu'au moment où, finalement, il a insisté tantôt sur les vertus, tantôt sur les vices de l'obéissance aveugle, l'« obéissance de cadavre » ainsi qu'il la qualifiait lui-même », *Eichmann in Jerusalem, op. cit.*, p. 231/ *E à J.*, p. 1149.

16. Hannah Arendt, *Eichmann in Jerusalem, op. cit.*, p. 365 / *E à J.*, p. 1257 [Le passage que cite Joachim Fest dit plus exactement : « On leur avait tout d'abord dit qu'ils n'avaient pas à se préoccuper des questions de "responsabilité", or maintenant ils ne pouvaient pas demander des comptes aux vrais coupables du fait que ceux-ci s'étaient dérobés, ou bien en se suicidant ou bien parce qu'ils avaient été pendus »].

17. Hans Frank (1900-1946), membre du NSDAP et de la SA depuis 1923, était, en tant que président de l'« Académie de droit allemand », responsable après 1933 de la mise au pas de la justice et entra en 1934 dans le gouvernement de Hitler en qualité de ministre du Reich sans portefeuille.

Après sa nomination en tant que gouverneur général de la Pologne occupée en novembre 1939, Frank fut responsable de l'assassinat d'hommes politiques et d'intellectuels polonais, de l'enfermement dans le ghetto et du meurtre de la population juive dans le gouvernement général, ainsi que de la déportation de quelques milliers de travailleurs forcés polonais au profit de l'industrie allemande de l'armement. Frank fut condamné à mort par le tribunal international de Nuremberg pour crimes de guerre et pour crime contre l'humanité, et pendu en octobre 1946. Voir également Joachim Fest, « Hans Frank. Ou le faux "dur" », in *Les Maîtres du III*e *Reich*, *op. cit.*, p. 298-314.

18. Reinhard Heydrich (1904-1943), lieutenant général de la SS, directeur depuis 1939 de l'Office central de la Sécurité du Reich (RSHA), a organisé en cette qualité le meurtre de masse planifié des Juifs d'Europe ; Heydrich était le supérieur immédiat d'Eichmann. Il mourut à Prague à la suite d'un attentat perpétré contre lui. Voir également Joachim Fest, « Reinhard Heydrich, le dauphin », in *Les Maîtres du III*e *Reich*, *op. cit.*, p. 130-148.

19. Robert Ley (1890-1945) devint, après le démantèlement des syndicats libres, directeur du « Front du travail allemand » (DAF) lequel, avec quelque 25 millions de membres en 1942, représentait la plus grande organisation de masse du IIIe Reich. Ley fonda l'organisation de masse du temps libre et du tourisme « La Force par la joie », créa des écoles du Parti et ce qu'on a appelé des *Ordensburgen* [centres d'enseignement destinés à la formation des élites nazies]. Comparaissant à Nuremberg en tant que grand criminel de guerre, Ley se pendit en prison avant d'être traduit devant le tribunal militaire international du procès.

20. « C'est là toute la vérité de sa vie, écrit J. Fest à propos de Hans Frank dans *Les Maîtres du III*e *Reich*, *op. cit.*, p. 312 *sq.* que de "sauvegarder la justice sans porter préjudice aux intérêts de la guerre", qu'il admirait le droit, la morale et la vérité, avec le même enthousiasme que la force et la "grandeur historique". [...] Le remords [dont il fit preuve au tribunal de Nuremberg] et les signes manifestes d'un retour sur soi-même méritent certainement d'être pris en considération, mais bien des symptômes laissent par ailleurs penser que cette prise de conscience de ses responsabilités ne fut elle-même qu'un sentiment passager ; au fond, la vérité ne peut trouver place dans un pareil caractère. Au cours de l'interrogatoire que lui fit subir son avocat en présence du tribunal, Hans Frank, soudainement accablé, devait déclarer : "Un millénaire s'écoulera, mais la culpabilité de l'Allemagne ne sera pas effacée." Dans sa déclaration finale toutefois, il devait retirer cette affirmation. Ainsi le dernier témoignage que nous ayons de lui est-il encore une contradiction. Fin bien caractéristique du personnage. »

21. Hannah Arendt, *Eichmann in Jerusalem*, *op. cit.*, p. 97 / *E à J.*, p. 1042 : « Ce qu'il avait fait il l'avait fait, il ne voulait rien contester ; bien

plus, il était prêt à se pendre lui-même en public “en guise d'exemple à ne pas suivre pour tous les antisémites sur cette terre”. Mais cela ne voulait pas dire qu'il regrettait quoi que ce soit : “Le remords c'est bon pour les petits enfants” [*sic*]. »

22. Ce pré-interrogatoire désigne en fait les interrogatoires que le capitaine de police israélien Avner Werner Less, né à Berlin en 1905, a conduits à Jérusalem. Less a interrogé Eichmann 275 heures en tout et a établi un protocole de 3 564 pages, voir Jochen von Lang, « Nachwort für einen Freund » [Postface pour un ami], in *Schuldig : Das Urteil gegen Adolf Eichmann* [Coupable : le jugement contre Eichmann], Avner W. Less (dir.) [...], Francfort-sur-le-Main, Athenäum, 1987, p. 331-335, p. 332. Hannah Arendt avait lu ce protocole en vue de la préparation de son *Eichmann in Jerusalem.*

23. Moshe Landau était le président du tribunal lors du procès de Jérusalem. Hannah Arendt le rencontra à Jérusalem par l'intermédiaire de Kurt Blumenfeld qui leur ménagea un entretien ; voir la lettre de Hannah Arendt à Karl Jaspers du 25 avril 1961, in *Correspondance...*, *op. cit.*, p. 589. Landau, né en 1912 à Dantzig, étudia à l'université de Londres. À l'arrivée de Hitler au pouvoir, il ne revint pas en Allemagne mais émigra en Palestine. Il était depuis 1953 membre du Tribunal suprême de Jérusalem ; de 1976 à 1980 il exerça les fonctions de vice-président puis celles de président de 1980 à 1982.

24. Voir *supra* note 22.

25. L'écrivain néerlandais Harry Mulisch (1927-2010) assista comme Hannah Arendt au procès Eichmann en tant que reporter. Il publia ses observations en 1962 dans un livre intitulé *Strafsache 40/61. Eine Reportage.* Arendt et Muslich avaient fait connaissance en marge de la procédure au tribunal. Mulisch envoya un exemplaire de la version allemande à Arendt, qu'elle conserva dans sa bibliothèque. La citation concernant le titre de « confesseur » attribué à Mulisch est également tirée du livre d'Arendt sur le procès Eichmann, *Eichmann in Jerusalem*, p. 102 / *E à J.*, p. 1046.

26. Lors de son troisième réquisitoire le 26 juillet 1946, Robert H. Jackson dit à propos de Hjalmar Schacht : « Lorsque nous lui demandons pourquoi il n'a pas exigé qu'on mette un terme au développement criminel du régime dans lequel il occupait des fonctions de ministre, il répond qu'il n'aurait pas eu la moindre influence. Lorsque nous lui demandons comment il se fait qu'il soit demeuré membre de ce régime, il dit qu'il espérait en restant avoir une influence pondératrice sur le programme de celui-ci. » Voir *Der Nürnberger Prozess : Die Anklagereden des Hauptklagevertreters der Vereinigten Staaten von Amerika, Robert H. Jackson*, Ingo Muller (dir.), Weinheim, Beltz Athenäum, 1995, p. 137. Hjalmar Schacht (1877-1970) avait été licencié en 1939 par Hitler de son poste de président de la Banque du Reich et resta jusqu'en 1943 ministre sans portefeuille. Il fut déclaré non coupable au procès de Nuremberg

ainsi que Franz von Papen (1879-1969, chancelier du Reich de juin à novembre 1932 puis, après la prise de pouvoir des nationaux-socialistes, vice-chancelier jusqu'en 1934 et ambassadeur de l'État nazi à partir de 1936).

27. Cette remarque de Hannah Arendt renvoie à l'ouvrage de Jaspers, *Die Schuldfrage. Von der politischen Haftung Deutschlands*, Heidelberg, Lamert Schneider, 1946 [*La Culpabilité allemande*, Paris, Minuit, 1990, Avant-propos de Pierre Vidal-Naquet, trad. par Jeanne Hersch], l'une des toutes premières publications sur ce thème en 1946 et qui fait toujours autorité. Jaspers distingue ici la « culpabilité politique » de la culpabilité « morale » et « métaphysique ». À propos de la culpabilité métaphysique il écrit, il vaut la peine de le remarquer, à la première personne : « Être coupable au sens métaphysique, c'est manquer à la solidarité absolue qui nous lie à tout être humain comme tel. Ce sentiment de culpabilité reste en nous comme un appel inextinguible, même là où l'exigence morale perd son sens. Cette solidarité se trouve blessée lorsque j'assiste à des actes injustes et criminels. Il ne suffit pas que je risque prudemment ma vie pour les empêcher. S'ils s'accomplissent en ma présence, et si je survis alors que l'autre est tué, une voix parle en moi, et je sais : du fait que je vis encore, je suis coupable », *op. cit.*, p. 81.

28. Hannah Arendt discute de manière plus détaillée au moyen de ce principe socratique ainsi que du second principe cité (*Gorgias*, 474b et 482c-d) la relation éthique entre la pensée et la vie, dans deux chapitres de son livre *La Vie de l'esprit*, t. 1, *La Pensée*, *op. cit.*, p. 204-219 et en particulier p. 206.

29. Voir à ce sujet Hannah Arendt, *Denktagebuch (1950-1973)*, Ursula Ludz et Ingeborg Nordmann (dir.), Munich, Piper, 2002 [*Journal de pensée, 1950-1973*, Paris, Seuil, 2005, 2 vol., U. Ludz et I. Nordmann (dir.), trad. de l'allemand et de l'anglais, préfacé et annoté par S. Courtine-Denamy], juillet 1968 (Cahier XXV, 73 : « Le dialogue silencieux [la pensée] indique la pluralité, mais le modèle [est] le dialogue avec un autre. C'est seulement parce que je peux parler avec les autres que je peux également parler avec moi-même, c'est-à-dire penser. Par conséquent Aristote a tort : l'ami n'est pas "un autre moi" [*autos allos*], mais c'est le moi qui est un autre ami. »)

30. Joachim Fest se réfère au passage suivant du livre de Hannah Arendt *Eichmann in Jerusalem*, *op. cit.*, p. 222 / *E à J.*, p. 1141: « L'ancien Gauleiter du Warthegau, Arthur Greiser, a utilisé le même argument avec moins de succès devant un tribunal polonais : seule son "âme officielle" avait exécuté les crimes pour lesquels il fut finalement pendu en 1946, mais son "âme privée" s'y était toujours opposée. »

31. Dans *Eichmann in Jerusalem*, *op. cit.*, p. 220-221 / *E à J.*, p. 1140-1141, Arendt écrit : « Entre autres justifications, Eichmann prétendit qu'aucune voix extérieure n'avait incité sa conscience à s'éveiller, et l'accusation s'appliqua quant à elle à prouver que tel n'avait pas été le cas, et qu'il y

avait bel et bien eu des voix qu'il aurait pu entendre. [...] En outre ce qu'on a appelé l'"émigration intérieure" en Allemagne – c'est-à-dire tous ceux qui sous le IIIe Reich occupaient des postes et souvent des postes élevés, et qui après la guerre s'expliquèrent à eux-mêmes et expliquèrent au monde qu'ils avaient toujours été "intérieurement opposés au régime"– ne doit pas être prise en considération. La question n'est pas de savoir s'ils disent ou non la vérité, ce qui est décisif, c'est qu'au sein de cette atmosphère complètement empoisonnée de secret, qui caractérisait le régime hitlérien, il n'y ait pas eu de secret mieux gardé que celui de cette "opposition intérieure". [...] En vérité, il n'y avait qu'une seule manière de vivre sous le IIIe Reich sans se comporter comme un nazi, c'était de ne pas apparaître du tout : se tenir autant que possible à distance de la vie publique était la seule possibilité pour ne pas être impliqué dans les crimes, et cette *non-participation* était le seul critère à l'aune duquel nous pouvons aujourd'hui évaluer la culpabilité ou l'innocence d'un individu. » Parmi les critiques du livre d'Arendt, c'est surtout Hans Egon Holthusen qui s'est emparé du thème de l'« émigration intérieure », voir sa contribution, « Hannah Arendt, Eichmann und die Kritiker », in *Vierteljahrshefte für Zeitgeschichte,* n° 2/1965, p. 178-190, en particulier p. 186 *sq.*

32. Hannah Arendt, *Eichmann in Jerusalem, op. cit.*, p. 364 / *E à J.*, p. 1256.

33. *Ibid.*, p. 1295. À l'article 14 du jugement, le tribunal renvoie au *De jure belli et pacis* (1625) de Hugo Grotius et reprend mot à mot le paragraphe 20 du second livre : « Afin de défendre l'honneur ou l'autorité de celui qui a été lésé, afin que l'absence de châtiment n'entraîne pas sa dégradation. » Cité ici d'après *Schuldig : Das Urteil gegen Adolf Eichmann* (voir *supra* note 22), p. 14.

34. Dans le chapitre intitulé « La Conférence de Wannsee ou Ponce Pilate », dans lequel Arendt traite de la culpabilité d'Eichmann dans l'organisation de ce qu'on a appelé la « Solution finale », de même que – s'appuyant ce faisant sur les dépositions des témoins au cours du procès et sur les recherches de l'historien Raul Hilberg – du rôle des Conseils juifs dans les déportations du ghetto, elle écrit : « Mon Rapport s'est attardé sur ce chapitre que le procès de Jérusalem n'avait pas exposé dans sa véritable ampleur aux yeux du monde, parce qu'il offre le plus profond aperçu de la *totalité de l'effondrement moral* que les nazis ont provoqué dans toutes les classes de la société, y compris et surtout dans les classes supérieures – non seulement en Allemagne, mais dans presque tous les pays, et ce non seulement chez les persécuteurs mais aussi chez les persécutés », *Eichmann in Jerusalem, op. cit.*, p. 219 / *E à J.*, p. 1139.

35. Nous ne sommes pas parvenus à identifier qui, outre les juristes ayant

préalablement examiné le Rapport d'Arendt pour les éditeurs américains et allemands, faisait partie de ces lecteurs. Comme dans le cas de l'Entretien radiophonique, Arendt écrit dans une lettre à Robert Weltsch datée du 29 août 1963, toujours sans citer de nom : « Beaucoup d'autres personnes ont déjà lu ce livre ; surtout avant sa publication à New York : ne trouvez-vous pas étrange que personne ne se soit aperçu de cela [de « l'absence de cœur », « l'absence de tact » du cœur du livre] ? Il s'agit de gens dont tout le monde ici s'accorde à reconnaître la réputation littéraire. » Cité d'après une copie de la lettre à K. Jaspers, DLA, cote A : Jaspers, boîte 46 (=15).

36. Hannah Arendt avait recensé en 1964 le roman de Nathalie Sarraute, *Les Fruits d'or*. Sa recension parut la même année dans le journal *Merkur* (traduction Wolfgang von Einsiedel), rééditée dans *Menschen in finsteren Zeiten*, Munich, Zurich, Piper, 1989, p. 298-309 [*Vies politiques*, Paris, Gallimard, 1974, trad. par E. Ada *et al.* Cette contribution n'a pas été reprise dans ce volume. On peut la lire dans *Les Cahiers du Grif*, n° 33, Paris, Tierce, printemps 1986, trad. par Claude Habib, p. 17-28].

37. Voir sur ce point l'Introduction des éditeurs, p. 18 *sq*.

Lettres de 1964 à 1973

Lettre n° 1

J. F. à H. A. (10 août 1964)

Feuillet dactylographié, la signature « Votre Joachim C. Fest » et manuscrite dans l'original ; adresse de l'expéditeur (dactylographiée) : Joachim C. Fest, Hambourg-Kleinflottbek, Holztwiete 6A ; pas d'adresse du destinataire. Source : Hannah Arendt Papers (General Correspondence, Fest, Joachim, 1964-74) LOC-006071, « image 1 » numérisée, consultable en ligne ; on trouve également une copie au DLA, cote A : Piper.

1. « Mon livre » désigne *Les Maîtres du IIIe Reich, op. cit.* Dans « Un essai de synthèse », p. 445-446, Fest cite abondamment *Les Origines du totalitarisme* s'agissant du « manque de consistance » de la domination totalitaire et de l'« erreur [qui consisterait à] croire que l'instabilité et la capacité d'oubli prouvent que les masses sont guéries de la démence totalitaire ; elles prouveraient plutôt le contraire ». Voir également la note 16 de la Lettre n° 3, p. 199. De son côté, Hannah Arendt renvoie au livre de Joachim Fest dans plusieurs passages d'*Eichmann in Jerusalem* ; voir également sur ce point l'Introduction des éditeurs.

2. « Votre tout dernier livre » renvoie au livre de Hannah Arendt, *Eichmann in Jerusalem, op. cit.*

3. En ce qui concerne la recension de Golo Mann, voir l'Introduction p. 23.

4. Hannah Arendt et Joachim Fest s'étaient rencontrés à l'occasion de la Foire du livre le jeudi 17 septembre à Francfort, voir l'Introduction des éditeurs, p. 27.

5. Horst Krüger, producteur chargé de l'émission auprès de la chaîne de radio Südwestfunk qui se fit connaître par la suite pour son roman autobiograhique *Das zerbrochene Haus* (1966), s'intéressait lui aussi vivement à la problématique d'Eichmann, voir son article « Im Labyrinth der Schuld : Ein Tag im Frankfurter Auschwitz-Prozess », in *Der Monat*, 16 (1964) 188, p. 19-29.

Lettre n° 2

H. A. à J. F. (13 août 1964)

Feuillet dactylographié, copie sans signature et sans mention d'adresse de l'expéditeur ni de celle du destinataire. Source : Hannah Arendt Papers (General Correspondence, Fest, Joachim, 1964-74) LOC-006071, « image 2 » numérisée, consultable en ligne.

6. Hannah Arendt était arrivée le 3 ou le 4 septembre à Bâle et y resta jusqu'au 14, voir sa lettre à Karl Jaspers du 12 août 1964, in *H. Arendt-K. Jaspers Correspondance…*, *op. cit.*, p. 746 et *infra* Lettre n° 4.

7. À l'occasion de la Foire du livre, Klaus Piper avait organisé le 17 septembre une conférence de presse dans les locaux de la chambre du commerce et de l'industrie (la Villa Bonn) à Francfort. Voir les comptes rendus dans le *Münchener Merkur* et *Die Zeit* des 19 et 25 septembre 1964, ainsi que l'Introduction des éditeurs, p. 27.

8. Dans une interview avec Günter Gaus à la télévision bavaroise le 16 septembre. L'interview fut diffusée pour la première fois le 28 octobre 1964. Voir sur ce point l'Introduction des éditeurs, p. 27 et *infra* note 71, Lettre n° 9, p. 102.

9. Il s'agit du livre de Joachim Fest, *Les Maîtres du IIIe Reich, op. cit.* ; voir également note 1 de la Lettre n° 1, p. 197.

10. C'est Karl Jaspers qui attira pour la première fois l'attention de Hannah Arendt sur la critique de Golo Mann. Voir la lettre de Karl Jaspers à Hannah Arendt datée du 13 décembre 1963, *in* H. Arendt-K. Jaspers *Correspondance…*, *op. cit.*, p. 719-720. Karl Jaspers rompit toute relation avec Golo Mann à la suite de cette critique du livre d'Arendt.

11. Wystan Hugh Auden avait épousé Erika Mann en 1935. Il l'aida à obtenir un passeport britannique, ce qui lui permit d'échapper à l'Allemagne hitlérienne. Le poète anglais W. H. Auden vécut à partir de 1939 à New York et faisait partie du cercle large des amis de Hannah Arendt. Voir *Ich*

errinere an Wystan H. Auden, in Hannah Arendt, *Menschen in finsteren Zeiten, op. cit.*, p. 324-334.

Lettre n° 3 (comportant une annexe)
J. F. à H. A. (28 août 1964)
Feuillet dactylographié, signature « Votre Joachim Fest » manuscrite sur l'original ; adresse de l'expéditeur (dactylographiée) : Joachim C. Fest, z.Zt. Kampen/ Sylt, c/o M. von Drathen ; pas d'adresse du destinataire ; comporte une annexe (4 feuillets dactylographiés en grande partie rayés) avec des annotations manuscrites de H. A. Source : Hannah Arendt Papers (General Correspondence, Fest, Joachim, 1964-74) LOC-006071, « images 3-7 » numérisées, seule la Lettre (image numérisée 7) est consultable en ligne.

12. Les éditions Piper avaient envoyé à Joachim Fest les critiques suivantes : *Die Zeit*, 24 janvier 1963 (Golo Mann) ; *Frankfurter Allgemeine Zeitung*, 16 novembre 1963 (une recension de Sabina Lietzmann de New York) ; *Die Welt*, 30 novembre 1963 (avec des contributions de B. Nellessen, G. Scholem, H. Arendt et M. Buber) ; *Merkur*, juin 1964 (Rolf Schroers), ainsi qu'un manuscrit en vue d'une émission de radio en deux volets que la traductrice d'*Eichmann in Jerusalem*, Brigitte Granzow, avait rassemblé pour la Westdeutscher Rundfunk ; enfin, la version manuscrite de la recension de Mary McCarthy dans *Die Welt*, qui figure en annexe au présent volume, p. 129-156.

13. Cette carte n'a pas été conservée.

14. Sur Horst Krüger, voir Lettre 1, note 5, p. 198.

15. Piper avait fait part à Joachim Fest des propos élogieux de Karl Jaspers concernant *Les Maîtres du IIIe Reich*, voir Klaus Piper à Joachim Fest le 27 juillet 1964, DLA, cote A : Piper.

16. Joachim Fest pouvait se référer sur ce point au livre de Hannah Arendt *Elemente und Ursprünge der Totalitarismus* (1955) [*Les Origines du totalitarisme, op. cit.*], qu'il cite dans plusieurs passages de son livre *Les Maîtres du IIIe Reich* (voir note 1 de la Lettre 1, p. 197). Parmi les thèses « exposées par des tiers », il faut mentionner en particulier les publications qui étaient parues à l'époque : Bruno Bettelheim, *The Informed Heart* (1960) [*Le Cœur conscient*, Paris, Robert Laffont, 1989, trad. de l'américain par Laure Cassea], et Raul Hilberg, *The Destruction of European Jews* (1960) [*La Destruction des Juifs d'Europe, op. cit.*]. Voir également sur ce point Paul Arnsberg, « War Eichmann ein Dämon ? », in *Aus Politik und Zeitgeschichte*, t. 45/64, 4 novembre 1964, p. 3-18 et p. 6-8.

17. Sur la notion de « passé non maîtrisé » que critiquent aussi bien Hannah Arendt que Joachim Fest, voir l'Introduction des éditeurs p. 22 *sq.* Pour son utilisation et sa signification pour les Juifs eux-mêmes, voir le passage

correspondant dans l'Entretien radiophonique p. 43 *sq.* Voir également H. Arendt-K. Jaspers, *Correspondance…*, *op. cit.*, p. 681.

18. Sur les voix qui se sont élevées contre une publication et sur leurs arguments, voir l'Introduction des éditeurs, p. 23 ; voir également l'Entretien radiophonique, p. 67.

19. Voir *Eichmann in Jerusalem*, *op. cit.*, p. 45 *sq.* / *E à J.*, p. 1036 *sq.* Aman (que Fest orthographie improprement Hamann, ce qu'ont corrigé les éditeurs), est un personnage central dans le livre d'Esther de l'Ancien Testament. En tant que favori à la cour, Aman obtint du roi Assuérus qu'il décrète un pogrom contre les Juifs dans toute la Perse, mais c'est Aman lui-même qui sera tué et le décret sera levé.

20. Voir *Eichmann in Jerusalem*, *op. cit.*, p. 53 / *E à J.*, p. 1292.

21. *Ibid.*, principalement p. 206-219 / *E à J.*, p. 1130-1139. Les calculs de Mary McCarthy sont exacts lorsqu'elle écrit (voir dans le présent volume, p. 135) : « Dans un livre qui compte deux cent soixante pages, huit sont consacrées à la coopération des dirigeants juifs avec la hiérarchie d'Eichmann, et deux un quart à une discussion sur les catégories de Juifs privilégiés (les anciens combattants, les personnalités célèbres, etc.). » Ces indications sont fournies dans la première édition anglaise.

22. *Ibid.*, p. 209 / *E à J.*, p. 1132.

23. *Ibid.*, p. 219 / *E à J.*, p. 1139.

24. Hannah Arendt dans sa Préface à *Eichmann in Jerusalem*, p. 54 *sq.*, / *E à J.*, p. 1294 *sq.*

25. À propos de Höss, voir note 10 de l'Entretien radiophonique, p. 191.

26. Sur le procès d'Auschwitz voir note 1 de l'Entretien radiophonique, p. 189.

27. César Borgia, seigneur italien de la dynastie des Borgia (1475-1507), passe en théorie politique pour le type même du tyran ou du souverain régnant au moyen de la force. Machiavel s'en est inspiré dans son livre *Le Prince.*

28. À propos de Wilhelm Boger, voir note 12 de l'Entretien radiophonique, p. 192.

29. Hannah Arendt fournit une réponse explicite au reproche selon lequel elle aurait « exonéré » Eichmann, que ses critiques ont étayé en se servant pour la plupart d'entre eux de la « banalité du mal » et/ou du slogan d'un « Eichmann banal », voir p. 50 de cette édition.

30. Hannah Arendt, *Eichmann in Jerusalem*, *op. cit.*, p. 208 / *E à J.*, p. 1131.

31. *Ibid.*, p. 205 / *E à J.*, p. 1129. Voir également l'Introduction des éditeurs et l'Entretien radiophonique, respectivement p. 15 et p. 52.

32. *Ibid.*, p. 279 / *E à J.*, p. 1139, pour la citation littérale voir *supra*

note 34 de l'Entretien radiophonique. Voir également Joachim Fest, « Das Mädchen aus der Fremde », art. cit., p. 184.

33. Dans la recension par George Lichtheim du livre de Moishe Pearlman, *The Capture and Trial of Adolf Eichmann*, intitulée « The Eichmann Trial », parue dans la *New York Review of Books*, 26 septembre 1963, p. 6-8 et p. 7.

34. Voir A. Alvarez, « Es geschah nichts überall », in *Die Kontroverse, op. cit.*, p. 176-181 et p. 179 : le livre de Hannah Arendt « est un essai sur la responsabilité individuelle. Comment ceux parmi les Juifs qui ne sont jamais entrés dans les camps d'extermination surmontent-ils sur le plan moral les chambres à gaz ? Comment viendront-ils à bout de leur culpabilité et de leur responsabilité refoulée vis-à-vis des victimes ? ». Voir également Mary McCarthy « Le tollé » « Ein Dokument ethischer Verantwortung », in *Die Welt*, 10 octobre 1964, p. 129 de la présente édition.

35. Hannah Arendt, *Eichmann in Jerusalem*, p. 274-279 / *E à J.*, p. 1183-1187.

36. Le témoin Abba Kovner s'est exprimé sur l'adjudant Anton Schmid au cours du procès de Jérusalem, voir *Eichmann in Jerusalem, op. cit.*, 343-345 / *E. à J.*, p. 1142-1243. Pour plus d'informations concernant l'histoire de l'adjudant Schmid, voir Ursula Ludz « "Ich konnte nicht denken und half" : Anton Schmid, einer der "Gerechten unter den Völkern, wurde geehrt » [« "Je ne pouvais pas penser et j'ai aidé" : Anton Schmid, l'un des "Justes parmi les peuples" a été honoré »], in *Hannah Arendt Newsletter*, n° 4, avril 2001, p. 54 *sq.*

37. Voir note 1 de la Lettre 1, p. 197.

38. « Notes et commentaires » sous la rubrique « The Talk of the Town », in *The New Yorker*, 20 juillet 1963, p. 17. Il s'agit ici non pas d'une « Remarque liminaire », comme l'écrit Fest, mais d'une sorte d'éditorial qui a été ajouté après coup et dans lequel la rédaction du *New Yorker* s'exprime sur le point de vue de Michael Musmanno : elle atteste qu'il aurait intentionnellement mal compris Hannah Arendt et reprend le reproche qu'Arendt formulait contre la *New York Times Review of Books* quant au choix de ce recenseur. Voir également à ce propos l'Introduction des éditeurs p. 23 *sq.* Voici le passage que cite Fest dans l'original : « Hannah Arendt a noté quel a été le comportement des individus et des nations et elle a tiré de cette histoire une morale pour les Allemands, pour les citoyens d'autres États occidentaux et pour les Juifs – dans cet ordre de responsabilité : il est mal d'acquiescer au mal, que ce soit activement ou passivement, fût-on son instrument, son observateur, ou sa victime. »

Lettre n° 4

H. A. à J. F. (6 septembre 1964)

Feuillet dactylographié, copie sans signature. Adresse de l'expéditeur (dactylographiée) : Hannah Arendt aux bons soins du Prof. Jaspers, Austrasse 126. Pas d'adresse du destinataire. Source : Hannah Arendt Papers (General Correspondence, Fest,

Joachim, 1964-74) LOC-006069-70, « images 9 et 10 numérisées », consultables en ligne.

39. Voir en premier lieu l'éditorial du *New Yorker* cité *supra* à la note 38 de la Lettre n° 3, p. 201. Parmi ceux qui ont explicitement défendu, ou plus exactement parlé de façon amicale du livre de Hannah Arendt, citons : A. Alvarez (in *Die Kontroverse, op. cit.*, p. 176-181), Daniel Bell (in *Partisan Review*, n° 3/1963, p. 417-429), Bruno Bettelheim (in *Die Kontroverse, op. cit.*, p. 91-113), Mary McCarthy (p. 129-156 de cette édition), et Josef Maier (in *Aufbau*, 20 décembre 1963, p. 17 ; à propos de la contribution de Maier, voir également l'Introduction des éditeurs, p. 20 *sq*).

40. Denver Lindley, The Viking Press.

41. William Shawn. Comme Lindley, Shawn avait épaulé Hannah Arendt au cours de la controverse, voir *supra* la note 38 de la Lettre n° 3, p. 201 la notice éditoriale qu'il a rédigée (ou dont il s'est chargé). VERANTWORTET !

42. Joachim Fest, *Les Maîtres du IIIe Reich*, voir note 1 de la Lettre n° 1, p. 197.

43. À propos du procès d'Auschwitz, voir la note 1 de l'Entretien radiophonique, p. 189.

44. À propos de Heydrich, voir la note 18 de l'Entretien radiophonique, p. 193.

45. Dans son livre *Eichmann in Jerusalem*, en particulier p. 90 *sq.* et 222 *sq.* / *E à J.*, p. 1036 *sq.* et 1141 *sq.*, Hannah Arendt évoque à plusieurs reprises le « cas du Dr Hans Globke ». Elle se réfère ce faisant à la documentation de Reinhard-M. Strecker : *Dr. Hans Globke : Aktenauszüge, Dokumente*, Hambourg, Rütten & Loening, s. d., [1961], sur laquelle elle avait beaucoup travaillé, comme le montre son exemplaire conservé dans la « Hannah Arendt Collection » du Bard College. Le juriste Globke (1898-1973) avait tout d'abord été fonctionnaire en Prusse, puis au ministère de l'Intérieur sous le régime nazi et il était l'un des coauteurs d'un commentaire sur les lois de Nuremberg de 1935. Il comparut comme témoin lors du procès de Nuremberg mais ne fut pas inculpé. Le chancelier fédéral Konrad Adenauer le nomma fonctionnaire de la chancellerie fédérale dont il fut le chef influent de 1953 à 1963.

46. Voir sur ce point l'Entretien radiophonique, p. 60, et notamment la note 28, p. 195.

47. Le « meurtre de masse administratif » (*Verwaltungsmassenmord*) ou également le « meurtre de masse administratif organisé par l'État » (*staatlich organisierter Verwaltungsmassenmord*), telle est la manière dont Arendt rend en allemand le concept d'« *administrative massacre* » qui prend sa source dans l'histoire de l'impérialisme britannique. Hannah Arendt choisit ce terme et le privilégie par rapport à celui de « génocide » (*Völkermord*) afin

d'appréhender ce type de crime sans précédent auquel le tribunal de Jérusalem eut affaire (voir *Eichmann in Jerusalem*, *op. cit.*, p. 57 *sq.* / *E à J.*, p. 1296).

48. Et de fait, dans sa réponse à Hannah Arendt, Joachim Fest a repris tous les thèmes formulés par celle-ci.

Lettre n° 5 (avec Annexe)

H. A. à J. F. (10 septembre 1964)

Feuillet dactylographié, signature « Joachim Fest » manuscrite dans l'original ; adresse de l'expéditeur (dactylographiée) : Joachim Fest, Kampen/Sylt ; pas d'adresse du destinataire ; comporte une annexe (2 feuillets dactylographiés). Source : Hannah Arendt Papers (General Correspondence, Fest, Joachim, 1964-74) LOC-006066, « image 11 » numérisée annexe : LOC-006064-65, « images 14 et 15 » numérisées, consultables en ligne.

49. Il s'agit probablement d'une allusion au livre *Die Kontroverse, op. cit.*

50. Cette polémique est notamment évoquée dans l'Introduction des éditeurs.

51. Nous nous sommes abstenus d'annoter cette ébauche de l'Entretien et renvoyons aux Lettres n°s 3 et 4.

Lettre n° 6

J. F. à H. A. (8 janvier 1965)

Carte de vœux manuscrite au recto, et dont la face interne reproduit un dessin, signature « Votre Joachim Fest » ; pas d'adresse d'expéditeur ni de destinataire. Source : Hannah Arendt Papers (General Correspondence, Fest, Joachim, 1964-74) LOC-006058-59, « images 14 et 15 » numérisées, consultables en ligne.

52. La publication en allemand d'*Eichmann in Jerusalem* a bien sûr suscité un grand nombre de recensions mais celles-ci sont allées decrescendo, voir par exemple Paul Arnsberg, « War Eichmann ein Dämon ? », in *Aus Politik und Zeitgeschichte*, t. 45/64, novembre 1964, p. 3-18.

53. Transposition de la citation de Schiller dans *Guillaume Tell* selon laquelle l'homme fort est le plus fort seul. Dans *Eichmann in Jerusalem*, p. 221 / *E à J.*, p. 1141, Hannah Arendt avait formulé quelque chose d'approchant sous les mots-clés d'« impuissance » et d'« absence de toute participation », ce à quoi Joachim Fest fait peut-être allusion lorsque il évoque l'impuissance mais aussi la force morale à l'époque nazie de « celui qui frissonne et qui est comme rejeté de son propre peuple » (Otto Kirchheimer).

Lettre n° 7

J. F. à H. A. (2 décembre 1969)

Feuillet dactylographié, original portant la signature manuscrite « Votre Joachim Fest » ; adresse de l'expéditeur (papier à lettres imprimé) : DER SPIEGEL ; l'adresse du destinataire n'est pas mentionnée. Source : Hannah Arendt Papers

(General Correspondence, Fest, Joachim, 1964-1974) LOC-0060-59-96, « images 16, 17 », numérisées, consultables en ligne.

54. Joachim Fest écrit sur un papier à en-tête du *Spiegel.* Lorsque Hannah Arendt fit la connaissance de Fest en 1964, il remplaçait alors le directeur du chef de service de la télévision, et il était par ailleurs rédacteur en chef de l'histoire contemporaine à la radio-télévision régionale du nord de l'Allemagne (NDR) à Hambourg.

55. L'édition anglaise du livre de Joachim Fest, *Les Maîtres du IIIe Reich,* avait été préparée à l'époque par Helen Wolff chez Pantheon Books (sous la houlette de Harcourt, Brace, Jovanovitch). Elle fut publiée en 1970. Hannah Arendt était liée d'amitié avec Helen Wolff (1906-1994) et son mari, l'éditeur Kurt Wolff, décédé en 1963. La supposition de Joachim Fest selon laquelle Helen Wolff l'aurait informée est ainsi plausible. Voir également Lettre n° 8, p. 101.

56. Il s'agit de sa biographie sur Hitler qui fut publiée en 1973 chez Propyläen Verlag.

57. 1969 était la première année de la présidence de Richard Nixon. L'Amérique pouvait certes se glorifier de l'alunissage, mais le pays lui-même était agité par la guerre du Vietnam, le mouvement des droits civiques et la révolte estudiantine. C'est à cette même époque que Hannah Arendt écrivit son essai *Du mensonge à la violence, op. cit.*, dont la version en allemand fut publiée en 1970 sous le titre *Macht und Gewalt.*

Lettre n° 8

H. A. à J. F. (23 décembre 1969)

Feuillet dactylographié, copie sans signature ; adresse de l'expéditeur : Hannah Arendt, 370 Riverside Drive, New York, N.Y. 10025 ; pas d'adresse du destinataire. Source : Hannah Arendt Papers (General Correspondence, Fest, Joachim, 1964-74) LOC-006057, « image 18 » numérisée, consultable en ligne.

58. Il s'agit de *The Face of the Third Reich,* la version anglaise des *Maîtres du IIIe Reich.*

59. Albert Speer, *Au cœur du Troisième Reich, op. cit.* Voir également note 63 de la Lettre n° 9, p. 205, ainsi que la note 67 de la Lettre n° 10, p. 206.

60. Joachim Fest cite de la manière suivante la phrase d'Albert Speer dans *Les Maîtres du IIIe Reich,* p. 290 : « J'aurais été l'ami de Hitler, si Hitler avait eu des amis. »

61. Il est probable que le « tout autre travail » auquel Hannah Arendt fait ici allusion concerne les « questions philosophiques » dont elle s'occupait, ainsi qu'elle l'écrit de façon tout à fait explicite dans une lettre à Joachim Fest datée du 14 septembre 1970 (Lettre n° 10, note 71, p. 207). Son « retour » à la philosophie revêtit une première forme avec la conférence « Considérations morales » dans laquelle s'annonce son œuvre plus tardive,

La Vie de l'esprit. [Hannah Arendt prononça pour la première fois la conférence « Considérations morales » en février 1970 au Colorado College, où son ami John Glenn Gray enseignait la philosophie, puis en octobre à la New School for Social Research de New York ; elle fut publiée dans *Social Research*, 38, 1971, n° 3, p. 417-466.]

Lettre n° 9

J. F. à H. A. (7 septembre 1970)

Feuillet dactylographié, original portant la signature manuscrite « Joachim Fest » ; adresse de l'expéditeur (papier à lettres imprimé) : DER SPIEGEL, 2000 Hambourg 1. Postfach 110420 ; l'adresse du destinataire n'est pas mentionnée. Source : Hannah Arendt Papers (Special Correspondence, Publishers, Der Spiegel, 1964-1970) LOC-031057, 031059, non consultable en ligne.

62. Günter Gaus (1929-2004) était depuis 1969 rédacteur en chef du *Spiegel.* Quelques jours seulement avant l'enregistrement de l'émission radiophonique avec Joachim Fest, le 16 septembre 1964, il s'était entretenu avec Hannah Arendt sur la deuxième chaîne publique de la télévision allemande (ZDF) dans le cadre de la série d'émissions « Zur Person », entretien qui fut couronné en 1964 du prix Adolf-Grimme. Dans son autobiographie, Gaus relate sa rencontre avec Arendt : « L'amabilité de cette femme de cinquante-huit ans nous [Günter Gaus et son épouse] a émerveillés. Elle m'a accordé son crédit, sa confiance. Elle ne mettait pas en avant sa culture comme une figure de proue majestueuse. On se rendait compte qu'elle avait élu pour séjour naturel les hautes sphères de l'esprit » (Günter Gaus, *Widersprüche : Errinerungen eines linken Konservativen*, Berlin, Propyläen, 2004, p. 202). De son côté, Arendt louait la perspicacité politique de Gaus et son indépendance intellectuelle qui représentaient à ses yeux un renouveau potentiel pour la jeune République fédérale. « Hochhuth, Gaus, Augstein, Graetz : les choses bougent tout de même un peu », écrivait-elle à Karl Jaspers en 1965. « Les petits-fils sont meilleurs que les fils » (Hannah Arendt à Karl Jaspers, 6 juillet et 13 avril 1965, *in* H. Arendt-K. Jaspers, *Correspondance…*, *op. cit.*, p. 801 et 786).

63. Les Mémoires de Speer furent publiés en 1970 aux éditions Macmillan à New York, dans une traduction de Clara et Richard Winston sous le titre *Inside the Third Reich : Memoirs.*

Lettre n° 10

H. A. à J. F. (14 septembre 1970)

Feuillet dactylographié, copie sans signature ; sans mention de l'adresse de l'expéditeur et du destinataire. Source : Hannah Arendt Papers (Special Correspondence, Publishers Der Spiegel, 1954-1970) LOC-0311060, 031098, non consultable en ligne.

64. L'étude de Joachim Fest *Les Maîtres du IIIe Reich* fut publiée en 1970 sous le titre *The Face of the Third Reich*, dans une traduction de Michael Bullock, aux éditions Weidenfeld & Nicolson à Londres, et chez Pantheon Books à New York.

65. Il s'agit des Mémoires d'Albert Speer, *Au cœur du IIIe Reich, op. cit.*

66. Le « savoir » de Hannah Arendt se fonde sur son étude des actes du procès de Nuremberg. À l'automne 1968, elle avait en outre tenu avec Gerhard Casper un « Séminaire sur le tribunal des crimes de guerre de Nuremberg » à la Law School de l'Université de Chicago.

67. À l'instigation de Wolf Jobst Siedler (né en 1926), directeur de la maison d'édition Ullstein, Joachim Fest avait donné un « coup de main » en qualité de « conseiller littéraire » à Albert Speer qui, une fois libéré de la prison de Spandau, entreprit de rédiger ses Mémoires. « Notre collaboration débuta au début de l'année 1967 », écrit Fest. Voir Joachim Fest, *Die unbeantwortbaren Fragen. Notizen über Gespräch mit Albert Speer zwischen Ende 1966 und 1981*, Reinbeck bei Hamburg, Rowohlt, 2005, p. 7 *sq.* Dans la Postface à son livre *Au cœur du Troisième Reich*, Albert Speer écrit : « Je dois remercier MM. Wolf Jobst Siedler, directeur des éditions Ullstein et Propyläen, et Joachim Fest, membre du comité de lecture de ces mêmes éditions, en qui, pendant deux ans, j'ai trouvé de précieux interlocuteurs. C'est à leurs questions pressantes qu'on doit la présence de bon nombre des considérations générales de ce livre, de même que l'explication des événements considérés du point de vue psychologique et historique. La conception fondamentale que je me faisais de Hitler, de son système et de mon propre rôle, telle que je l'avais notée quatorze ans auparavant dans la première version de mes Mémoires, s'est trouvée confirmée et renforcée par nos entretiens », voir A. Speer, *Au cœur du Troisième Reich, op. cit.*, p. 718-719.

68. Dans *Les Maîtres du IIIe Reich*, Joachim Fest a intitulé le chapitre qu'il consacre à celui qui fut l'architecte, puis le ministre de l'Armement de Hitler : « Albert Speer ou l'amoralisme technique ».

69. Au début des années 1950, pendant sa captivité à la prison de Spandau à Berlin, Albert Speer avait même commencé à rédiger une biographie de Hitler. Voir Joachim Fest, *Albert Speer. Le confident de Hitler, op. cit.*, p. 286.

70. Dans son entretien télévisé avec Günter Gaus, Hannah Arendt explique en quoi a consisté la « mise au pas spontanée », en particulier parmi les intellectuels : « Voyez-vous, on n'a jamais reproché à un homme de suivre le mouvement parce qu'il avait une femme et des enfants à charge. Ce qui fut bien pire, c'est que certains y ont vraiment cru ! Pendant peu de temps, la plupart pendant très peu de temps. Mais cela veut dire que les intellectuels allemands ont également eu leurs théories sur Hitler. Et des théories prodigieusement intéressantes ! Des théories fantastiques, passionnantes,

sophistiquées et planant très haut, au-dessus du niveau des divagations habituelles ! J'ai trouvé cela grotesque. Les intellectuels se sont laissé prendre au piège de leurs propres constructions, dirais-je aujourd'hui », H. Arendt, *Entretien télévisé avec Günter Gaus*, « Seule demeure la langue maternelle », in *La Tradition cachée, op. cit.*, p. 238.

71. Allusion au travail de Hannah Arendt sur *La Vie de l'esprit, op. cit.* : les deux premières parties, *La Pensée* et *Le Vouloir*, firent l'objet des Gifford Lectures respectivement en 1973 et 1974 à l'Université d'Aberdeen et, après la mort de Hannah Arendt, Mary McCarthy les édita sous forme de livres. La troisième partie, « Juger », est inachevée. Ronald Beiner a édité en 1982 (1985 pour l'Allemagne) les matériaux issus des travaux préparatoires sous le titre *Lectures on Kant's Political Philosophy, op. cit.* [trad. fr. par Myriam Revault d'Allonnes, *Juger. Sur la philosophie politique de Kant.* Suivi de deux essais interprétatifs par Ronald Beiner et Myriam Revault d'Allonnes, Paris, Seuil, 1991]. Dans l'Introduction à *La Vie de l'esprit*, Hannah Arendt explique comment elle en est venue à s'intéresser aux activités de l'esprit humain : « C'est [...] le procès Eichmann à Jérusalem qui me fit tout d'abord m'intéresser à la question. » Confrontée à l'« absence de pensée » d'Eichmann – qui, à la différence du fanatisme, du sadisme ou de la cruauté délibérée, constituait la nouveauté sans précédent, la « banalité du mal » « chez ce nouveau type de criminel » –, Arendt ne pouvait « éluder la question : l'activité de penser en elle-même, d'examiner tout ce qui vient à se produire ou attire l'attention, sans préjuger du contenu spécifique ou des conséquences, cette activité donc fait-elle partie des conditions qui poussent l'homme à éviter le mal et même le conditionnent négativement à son égard ? », Hannah Arendt, *La Vie de l'esprit, op. cit.*, t. 1, *La Pensée*, p. 19 *sq.*

72. Hannah Arendt prononça la conférence citée lors d'un congrès de l'Association of the Bar of the City of New York le 30 avril 1970, association qui célébra son centenaire le 1er mai. Son essai, *Civil Disobedience* [« La désobéissance civile »], fut tout d'abord publié dans le *New Yorker* le 12 septembre 1970, et par la suite dans son recueil d'essais *Crises of the Republic* (New York, Harcourt, Brace, Jovanovitch, 1972, p. 49-102) [*Du mensonge à la violence, op. cit.*]. Le texte fut publié en allemand en 1986, sous le titre *Ziviler Ungehorsam*, trad. par Eike Geisel, publié dans le recueil édité par Marie Luise Knott, *Zur Zeit. Politische Essays*, Berlin, 1986, p. 119-159.

Lettre n° 11

J. F. à H. A. (5 janvier 1971)

Feuillet dactylographié, original portant la signature manuscrite « Votre Joachim Fest » ; adresse de l'expéditeur (papier à lettres imprimé) : Joachim C. Fest,

Hambourg 52-Kleinflottbek, Holztwiete 6A ; pas d'adresse du destinataire. Source : Hannah Arendt Papers (General Correspondence, Fest, Joachim, 1964-74) LOC-006051-53, « images 19-21 » numérisées, consultables en ligne.

73. Speer n'aimait pas se sentir exposé contre son gré aux « questions auxquelles on ne peut pas fournir de réponses », si bien que Fest en publia par la suite certaines qui étaient restées sans réponse au cours de sa collaboration avec Speer sous la forme de notes : voir *Die unbeantwortbaren Fragen*, notamment p. 250.

74. Voir Lettre n° 10, note 67, p. 206.

75. Karl-Otto Saur (1902-1966), membre du NSDAP depuis 1932, devint le chef de l'administration technique du ministre de l'Armement Speer, puis son chef d'état-major en 1944. Hitler avait prévu dans son testament que Saur succéderait à Speer au ministère de l'Armement. Après avoir été fait prisonnier de guerre par les États-Unis, Saur comparut comme témoin de l'accusation au procès Krupp à Nuremberg ; catalogué comme partisan, il fut soumis à la procédure de dénazification et relâché peu de temps après. En 1949, il fonda un bureau d'ingénieur, qui éditait entre autres des ouvrages de référence et qui devint par la suite les éditions Saur à Munich. Voir Ernst Klee, *Das Personenlexikon zum Dritten Reich. Wer war was vor und nach 1945 ?*, Francfort-sur-le-Main, 2003, p. 521, ainsi que Karl-Otto Saur jr./Michael Saur, *Er stand im Hitlers Testament. Ein deutsche Familienerbe*, Berlin, 2007.

Lettre n° 12

H. A. à J. F. (11 février 1971)

Feuillet dactylographié, copie sans signature ; sans mention de l'adresse de l'expéditeur et du destinataire. Source : Hannah Arendt Papers (General Correspondence, Fest, Joachim, 1964-1974) LOC-006054, 031098, « image 22 », numérisée, consultable en ligne.

76. Pour Hannah Arendt, l'« absence de pensée » était aussi une caractéristique propre à Eichmann. Cette incapacité à penser, c'est-à-dire « une incapacité quasi totale de considérer quoi que ce soit du point de vue de l'autre » et de se représenter ainsi les conséquences de sa propre action, l'aurait prédisposé « à devenir l'un des plus grands criminels de son époque. [...] Qu'un tel éloignement par rapport à la réalité et une telle absence de pensée aient pu occasionner un malheur encore plus grand que tous les mauvais instincts réunis qui sont peut-être inhérents à l'homme, telle était la leçon qu'on avait pu apprendre à Jérusalem », *Eichmann in Jerusalem*, *op. cit.*, respectivement p. 124 et 157 / *E à J.*, p. 1064 et p. 1296.

77. Voir Lettre n° 14, p. 112.

78. Voir Lettre n° 9, note 62, p. 205.

Lettre n° 13

J. F. à H. A. (23 mars 1971)

Feuillet dactylographié, original comportant la signature manuscrite « Joachim Fest » ; même adresse d'expéditeur que pour la Lettre 11 ; pas d'adresse du destinataire. Source : Hannah Arendt Papers (General Correspondence, Fest, Joachim, 1964-74) LOC-006049, « image 23 » numérisée, consultable en ligne.

Lettre n° 14

H. A. à J. F. (29 mars 1971)

Feuillet dactylographié ; copie au verso de la lettre n° 13 ; sans signature ; aucune mention de l'adresse de l'expéditeur ni du destinataire. Source : Hannah Arendt Papers (General Correspondence, Fest, Joachim, 1964-74) LOC-006050, « image 14 » numérisée, consultable en ligne.

79. Dans son *Journal de pensée*, *op. cit.* (Cahier XXVIII, 5), Hannah Arendt note les étapes de son voyage en Europe au cours des mois d'avril et mai 1971 (voir p. 994, et, en ce qui concerne les étapes particulières, la note des éditrices p. 1186). Le 11 mai, Arendt qui avait quitté Cologne, participa à un débat du Bildungsforum de Düsseldorf sur le thème : « In der zweiten Phase der demokratischen Revolution ? Krisensymptome westlicher Demokratie – Ausgangbeispiel USA ». Ses interlocuteurs étaient Hans Dichgans, Arnold Gehlen, Werner Maihofer et Dolf Sternberger, publication [non autorisée] du protocole de l'enregistrement in *Gespräche mit Hannah Arendt*, Adelbert Reif (dir.), Munich, Zurich, Piper, 1976, p. 71-100.

Lettre n° 15

J. F. à H. A. (15 avril 1971)

Feuillet dactylographié ; original portant la signature manuscrite « Votre Joachim Fest » ; même adresse d'expéditeur que la Lettre n° 11 ; pas d'adresse du destinataire. Source : Hannah Arendt Papers (General Correspondence, Fest, Joachim, 1964-74) LOC-006048, « image 25 » numérisée, consultable en ligne.

80. Nous n'avons pas pu déterminer si cette rencontre a bien eu lieu.

81. Rudolf Augstein (1923-2002) fonda en 1947 le magazine d'informations *Der Spiegel* dont il fut l'éditeur jusqu'à sa mort. Pour Gaus, voir Lettre n° 9, note 62. Johannes Gross (1932-1999) était depuis 1969 rédacteur en chef et représentant de la station de radio Deutsche Welle ; au milieu des années 1970 il devint rédacteur en chef et éditeur du journal *Capital*. Pour Siedler, voir Lettre n° 10, note 77. Dans *Begegnungen. Über nahe und ferne Freunde*, *op. cit.*, Joachim Fest consacre respectivement un chapitre à chacun d'entre eux : Augstein, Gross et Siedler (et Arendt).

Lettre n° 16

H. A. à J. F. (1er octobre 1973)

Écriture manuscrite au verso d'une carte de visite : « Joachim Fest/ Hamburg-Kleinflottbek Holztwiete 6A ». Source : Hannah Arendt Papers (General Correspondence, Fest, Joachim, 1964-74) LOC sans n° de feuillet, « images 26 et 27 » numérisées, consultables en ligne.

82. Joachim Fest, *Hitler. Eine Biographie*, Francfort-sur-le-Main, Berlin, Vienne, 1973 [t. 1 : *Hitler, jeunesse et conquête du pouvoir, 1889-1933*, t. 2 : *Le Führer, 1933-1945*]. Dans l'exemplaire qu'il adressa à Hannah Arendt – et qui est conservé dans la « Hannah Arendt Collection » du Bard College –, l'auteur a inscrit cette dédidace : « En sincère affinité. Votre Joachim C. Fest ».

83. Voir note 88 de la Lettre n° 17, p. 114.

Lettre n° 17 (comportant une Annexe)

H. A. à J. F. (18 décembre 1973)

Feuillet dactylographié, double sans signature ; même adresse d'expéditeur que pour la Lettre n° 8 ; pas d'adresse du destinataire ; l'annexe ne figure pas dans cette correspondance. Source : Hannah Arendt Papers (General Correspondence, Fest, Joachim, 1964-74) LOC-006050 ou 006073, « image 28 » numérisée, consultable en ligne.

84. Au cours des années 1973-1974, Hannah Arendt se consacra presque exclusivement à son travail sur *La Vie de l'esprit*. Voir également note 71 de la Lettre n° 10, p. 207.

85. Bertolt Brecht, *Der Austieg des Arturo Ui*, in *Werke. Grosse Berliner und Frankfurter Ausgabe, Band* 7 – Stücke 7, Werner Hecht *et al.* (dir.), Berlin, Francfort-sur-le-Main, Aufbau et Suhrkamp, 1991, p. 7-115, p. 114 du présent volume [*La Résistible Ascension d'Arturo Ui*, Théâtre complet, VII, Paris, L'Arche, 1961, p. 237].

86. Voir Bertolt Brecht, *Stücke IX – Stücke aus dem Exil : Vierter Band*, Francfort-sur-le-Main, 1976, p. 369 *sq.* [*Écrits sur le théâtre*, t. 2, Paris, L'Arche, 1979, p. 490.]. On trouve de nombreuses traces dans l'œuvre d'Arendt de son dialogue avec Brecht. Un essai important examine le rapport de Brecht à la politique (tout d'abord publié dans *Merkur*, n° 6/1969, p. 625-642, il a été repris dans *Walter Benjamin-Bertolt Brecht. Zwei Essays*, Munich, 1971, p. 63-107 [voir « Bertolt Brecht », in *Vies politiques*, Paris, Gallimard, 1974, trad. par Eric Adda *et al.*], p. 193-243). Hannah Arendt a placé en exergue des versions anglaise et allemande d'*Eichmann in Jerusalem* une citation du poème de Brecht datant de 1933, intitulé « Allemagne » [Bertolt Brecht, *Poèmes*, Paris, L'Arche, 1965, t. II, « Allemagne », trad. par G. Badia et Cl. Duchet, p. 91-92 : « Ô Allemagne, mère blême !/ Tu es là souillée/ Entre tous les peuples./ Parmi les peuples pleins de boue/ On te remarque. [...] À entendre les grands discours jaillissant de chez toi, on rit. Mais qui te voit empoigne son couteau. »

87. Hannah Arendt envoyait souvent des copies du poème de Gottfried Keller (1819-1890), « Die öffentlichen Verleumder », dont quelques-unes se trouvent dans son *Fonds*. Celui en annexe de la présente lettre est cité ici d'après les *Sämtliche Werke in sieben Bänden*, Thomas Böning, Gerhard Kaiser, Kai Kaufmann, Dominik Müller et Peter Villwock (dir.), Francfort-sur-le-Main, 1995, t. 1, *Poèmes*, p. 595-596.

88. Nous n'avons pas pu élucider en quoi consistait le malentendu.

À propos de la controverse autour du livre de Hannah Arendt *Eichmann in Jerusalem*

1. La première déclaration fut tout d'abord publiée le 22 mars 1963 dans *Mitteilungsblatt*, le Bulletin d'information de l'Irgun Olej Merkas Europa à Tel Aviv. Elle a ensuite été reprise dans la brochure dont nous donnons ici copie, *Nach dem Eichmannprozess : Zu einer Kontroverse über die Haltung der Juden* (voir Bibliographie, p. 222).

2. Réédition de l'article paru dans *Die Welt* du 10 octobre 1964, dans la rubrique « Die Geistige Welt », p. III. Cette publication en allemand est manifestement une esquisse de la contribution que Mary McCarthy a publiée plus tard dans la *Partisan Review*, hiver 1964, p. 82-94, sous le titre « The Hue and Cry ». Les références précises aux prises de position sélectionnées par Mary McCarthy sont successivement : Michael A. Musmanno (allemand in *Die Kontroverse*, p. 85-90 ; 114-116 ; pour le titre original voir l'Introduction des éditeurs, note 32, p. 161) ; Hugh Trevor-Roper (en allemand : « Wie unschuldig war Eichmann ? » [Dans quelle mesure Eichmann était-il innocent ?], in *Die Kontroverse*, p. 182-189) ; R[ichard] H. S. Crossman (« The Case Against Arendt », in *The Observer*, 13 octobre 1963) ; A. Alvarez (en allemand : « Es geschah nicht überall » [Cela n'est pas arrivé partout], in *Die Kontroverse*, p. 176-181) ; George Lichtheim (voir note 33 de la lettre 3, p. 201) ; Bruno Bettelheim (en allemand : « Eichmann – das System – die Opfer » [Eichmann, le système, les victimes], in *Die Kontroverse*, p. 91-113, et « Antwort an Richter Musmanno » [Réponse au juge Musmanno], *ibid.*, p. 117-118) ; Daniel Bell (« The Alphabet of Justice : Reflections on "Eichmann in Jerusalem" », in *Partisan Review* 30, 1963, n° 3, p. 417-429) ; Lionel Abel (« The Aesthetics of Evil : Hannah Arendt on Eichmann and the Jews » [L'esthétique du mal : Hannah Arendt sur Eichmann et les Juifs], in *Partisan Review* 30, 1963, n° 2, p. 211-230).

3. Publié dans *Merkur*, n° 206/1965, p. 482-485.

4. Voir *Die Kontroverse : Hannah Arendt, Eichmann und die Juden*. Nymphenburger Verlagshandlung, 1964.

Postface de la traductrice

1. Hannah Arendt, *Denktagebuch (1950-1973)*, Ursula Ludz et Ingeborg Nordmann (dir.), Munich, Piper Verlag GmbH, 2002 [*Journal de pensée*, 1950-1973, Paris, Seuil, 2005, 2 vol., U. Ludz et I. Nordmann (dir.), trad. de l'allemand et de l'anglais, préfacé et annoté par S. Courtine-Denamy], t. 2, Cahier XXIV [1], p. 811-830.

2. Hannah Arendt, *La Crise de la culture*, Paris, Gallimard, 1972, trad. par E. Adda *et al.*, sous la direction de P. Lévy, p. 289-336.

3. Hannah Arendt à Mary McCarthy, The University of Chicago, 3 octobre 1963, *in* Hannah Arendt-Mary McCarthy, *Correspondance…*, *op. cit.*, p. 231. Publié dans le *New Yorker* du 25 février 1967, ce texte a été repris dans le volume *Between Past and Future. Six Exercises in Political Thought*, Londres, Faber and Faber, 1961 [*La Crise de la culture. Six exercices de pensée politique*, Paris, Gallimard, trad. sous la dir. de Patrick Lévy].

4. Hannah Arendt, « La Culpabilité organisée », in *Penser l'événement*, Paris, Belin, 1989, sous la direction de Claude Habib. La traduction française, d'Anne-Sophie Astrup, Claude Habib et Claude Lutz, établie à partir de la version anglaise « Organized Guilt and Universal Responsability » (*Jewish Frontier*, 12 [1945], n° 1, p. 19-23), rend : « Le mal […] qui est sans limites. » Nous restituons l'expression utilisée par Hannah Arendt dans la version originale allemande rédigée dès novembre 1944, même si elle parut après la version anglaise, dans la revue *Die Wandlung*, 1 (1945-1946), n° 4, p. 333-344, repris dans *Sechs Essays*, Heidelberg, L. Schneider, 1948, p. 33-47, puis dans *Die verborgene Tradition. Acht Essays*, Berlin, Suhrkamp, 1976, p. 32-45, en avril 1946, et qui est dédiée à Karl Jaspers. Cet article signe le « premier retour » de Hannah Arendt en Allemagne – « Écrire est une manière de revenir » –, qui accepta la proposition que lui fit Karl Jaspers de fournir une contribution à la nouvelle revue qu'il venait de fonder en 1946, *Die Wandlung*.

5. Hannah Arendt, *Eichmann in Jerusalem. Ein Bericht von der Banalität des Bösen*, Piper, 1986/2001, p. 56 : « In diesem Sinne könnte ein echter Streit sich auch über den Untertitel des Buches erheben » [*Eichmann à Jérusalem*, sous la direction de Pierre Bouretz, trad. par Anne Guérin (1966) revue par Michelle-Irène Brudny de Launay (1991) pour « Folio histoire », révisée par Martine Leibovici, Paris, Gallimard, « Quarto », 2002 p. 1295].

6. Voir Michelle-Irène Brudny, « La polémique Arendt-Scholem ou le rapport à la tradition », in *Raisons politiques*, 3/2002 (n° 7), p. 181-198, URL : www.cairn.info/revue-raisons-politiques-2002-3-page-181.htm. Voir également *Destins de « la banalité du mal »*, sous la direction de Michelle-Irène

Brudny et Jean-Marie Winkler, éditions de l'Éclat/Bibliothèque des fondations, Paris, 2011.

7. Hannah Arendt-Karl Jaspers, *Correspondance*, *op. cit.*, Lettre du 13 décembre 1963, p. 721.

8. Karl Jaspers, *Die Schuldfrage. Von der politischen Haftung Deutschlands*, Heidelberg, 1946 [*La Culpabilité allemande*, Paris, Minuit, 1990, Avant-propos de Pierre Vidal-Naquet, trad. de l'allemand par Jeanne Hersch].

9. Hannah Arendt-Karl Jaspers, *Correspondance*, *op. cit.*, Hannah Arendt à Karl Jaspers, Lettre 43, 17 août 1946, p. 100 : « Pendre Goering est nécessaire, certes, mais parfaitement inadéquat. Cela veut dire que cette faute, contrairement à toute faute criminelle, dépasse et casse tous les ordres juridiques. [...] D'une faute qui se situe au-delà du crime et d'une innocence qui se situe au-delà de la bonté ou de la vertu, on ne peut rien faire humainement ni politiquement. Tel est l'abîme qui s'est ouvert devant nous dès 1933... »

10. *Ibid.*, Karl Jaspers à Hannah Arendt, Lettre 46, Heidelberg, 19 octobre 1946, p. 110-111.

11. Hannah Arendt-Gershom Scholem, *Correspondance*, *op. cit.*, p. 432.

12. Hannah Arendt, « Réponses aux questions de Samuel Grafton », in *Écrits juifs*, *op. cit.*, p. 659-660. Samuel Grafton envoya le 19 septembre 1963 un questionnaire à Hannah Arendt au motif que la revue *Look* lui avait commandé une étude sur son livre *Eichmann in Jerusalem*. Il espérait qu'elle répondrait à ses questions écrites dans l'idée que cela pourrait déboucher sur une interview. Hannah Arendt répondit à ce questionnaire dès le lendemain, même s'il n'y eut aucune interview et qu'aucun article ne parut dans *Look*.

13. Hannah Arendt, « *Der Fall Eichmann und die Deutschen : Ein Gespräch mit Thilo Koch* », première publication in *Gespräche mit Hannah Arendt*, A. Reif (dir.), Munich, Piper Verlag, 1976 [« Le "Cas Eichmann" et les Allemands », entretien télévisé avec Thilo Koch (enregistré le 24 janvier 1964 à New York pour la série « Panorama »). Première publication en français in *Politique et Pensée*, Paris, Payot, 1996, trad. de l'allemand par S. Courtine-Denamy, repris *in* Hannah Arendt, *Les Origines du totalitarisme*, *op. cit.*, « Correspondances et Dossier critique », p. 1412, et in *Écrits juifs*, *op. cit.*], p. 668.

14. Hannah Arendt, *The Life of the Mind*, vol. 1, *Thinking*, New York, Londres, Harcourt, Brace, Jovanovitch, 1978 [*La Vie de l'esprit*, t. 1. *La Pensée*, trad. de l'américain par Lucienne Lotringer, Paris, PUF, 1981], p. 20. Voir également : « Some questions of Moral Philosophy » (1965) [*Considérations morales*, trad. de l'anglais par Marc Ducassou et Didier Maes, Paris, Rivages poche, 1996], p. 27.

15. *Ibid.*, p. 34.

16. Hannah Arendt, *The Origins of Totalitarianism*, New York, Harcourt, Brace and Co, 1951 [*Les Origines du totalitarisme*, éd. Pierre Bouretz, trad. par

Micheline Pouteau, Martine Leiris, Jean-Loup Bourget, Robert Davreu et Patrick Lévy, révisées par Hélène Frappat, Paris, Gallimard, coll. « Quarto », 2002], p. 1296.

17. Hannah Arendt, Entretien radiophonique avec Joachim Fest, p. 51 de la présente édition.

18. Robert Musil, *Über die Dummheit.* Vortrag auf Einladung des österreichischen Werkbunds. Gehalten in Wien am 11. März und wiederholt am 17. März 1937, Alexander Verlag, Berlin, 2001 [*De la bêtise*, trad. de l'allemand par Philippe Jaccottet, Paris, Allia, 2000. Précédente parution aux éditions du Seuil en 1984, in *Essais, critiques, aphorismes et conférences*, et en 1982 dans la revue *Sud*, sous forme d'extraits].

19. Eric Voegelin, *Hitler und die Deutschen* [*Hitler et les Allemands*, trad. de l'allemand par Mira Köller et Dominique Séglard, Avant-propos de Tilo Schabert, Paris, Seuil, 2003]. Sur la « bêtise criminelle », voir notamment p. 95-100 et sur Robert Musil, plus particulièrement, p. 275-280.

20. Robert Musil, *De la bêtise, op. cit.*, p. 42-44.

21. *Ibid.*, p. 45-46.

22. *Ibid.*, p. 45.

23. Hannah Arendt, *Considérations morales, op. cit.*, p. 36 : « Faire et vivre, au sens le plus général de *inter homines esse*, "être parmi les hommes" [...] empêchent sans nul doute la pensée. »

24. Robert Musil, *De la bêtise, op. cit.*, p. 52.

25. Hannah Arendt, Entretien radiophonique avec Joachim Fest, p. 51 de la présente édition.

26. Hannah Arendt, *Eichmann à Jérusalem, op. cit.*, p. 1296 : « Il n'était pas stupide. C'est la pure absence de pensée – ce qui n'est pas du tout la même chose que la stupidité (*Dummheit / stupidity*) – qui lui a permis de devenir un des plus grands criminels de son époque. »

27. Hannah Arendt, Entretien radiophonique avec Joachim Fest, p. 53 de la présente édition.

28. Hannah Arendt, *La Vie de l'esprit, op. cit.*, t. I : *La Pensée*, p. 217.

29. Emmanuel Kant, *Critique de la raison pure*, Paris, Gallimard, « Bibliothèque de la Pléiade », t. I, trad. de J. Barni, revue, modifiée et corrigée par A. J.-L. Delamarre et F. Marty [*B 172*], p. 881, note.

30. Hannah Arendt, *Considérations morales, op. cit.*, p. 73.

31. *Ibid.*, p. 71.

32. Hannah Arendt, « Nightmare and Flight », in *Essays in Understanding* 1930-1954, Uncollected and Unpublished Works by Hannah Arendt, sous la direction de Jerome Kohn, New York/San Diego/Londres, Harcourt Brace & Company, 1994, p. 134. Il s'agit d'une recension de la traduction du livre

de Denis Rougement, *La Part du diable* (New York, Valiquette, 1942 / Paris, Gallimard 1946), publiée dans la *Partisan Review*, XII/2, 1945.

33. Le procès d'Auschwitz se déroula de décembre 1963 à août 1965 : sur 22 accusés, 6 furent condamnés à perpétuité, 3 furent acquittés et les autres emprisonnés pour des peines allant de 3 ans à 10 ans. Le procès de Limburg concernant le personnel médical impliqué dans l'euthanasie eut lieu au printemps 1964.

34. Percy E. Schramm (1894-1970), historien médiéviste réputé qui, dans une série d'articles parus dans le *Spiegel*, publiée sous forme d'introduction à l'édition de Henry Picker, *Hitlers Tischgespräche im Führerhauptquartier, 1941-1942*, Stuttgart, Seewald Verlag, 1963 [*Hitler, cet inconnu*, trad. de l'allemand par René Jouan, Paris, Presses de la Cité, 1969], brossait un portrait de Hitler intitulé « Anatomie d'un dictateur » dont le jugement positif suscita une série de réactions de la part des lecteurs.

35. Günther Anders, *Wir Eichmannssöhne*, Munich, C. H. Beck'sche Verlagsbuchhandlung, 1988 [*Nous, fils d'Eichmann*. Lettre ouverte à Klaus Eichmann (1964), trad. de l'allemand et présenté par Sabine Cornille et Philippe Ivernel, Rivages Poche, 2003], p. 58. Günther Anders, dont le nom d'origine était Günther Stern, fut le premier époux de Hannah Arendt. Ils divorcèrent en 1937.

36. *Ibid.*, p. 63.

37. *Ibid.*, p. 117.

38. Hannah Arendt, *Hitler et les Allemands, op. cit.*, p. 42-43.

39. Hannah Arendt, *Eichmann à Jérusalem, op. cit.*, p. 1296.

40. Hannah Arendt, « The Aftermath of Nazi Rule : Report from Germany », *Commentary* 10 (1950), n° 4, p. 342-353. Repris dans Norman Podhoretz (dir.), *Commentary*, The Common Reader, New York, Atheneum, 1966, p. 49-60. Repris dans *Essays in Understanding*, p. 248-269 [« Après le nazisme : les conséquences de la domination », trad. Claude Habib, in *Penser l'événement, op. cit.*].

41. Hannah Arendt-Heinrich Blücher, *Briefe 1936-1968*, sous la direction de Lotte Köhler, Munich, Piper, 1996 [Hannah Arendt-Heinrich Blücher, *Correspondance, 1936-1968*, introduite et annotée par Lotte Köhler, trad. de l'allemand par Anne-Sophie Astrup, Paris, Calmann-Lévy, 1999], Lettre du 14 décembre 1949, p. 160.

42. Hannah Arendt, « Après le nazisme : les conséquences de la domination », in *Penser l'événement, op. cit.*, p. 60.

43. *Ibid.*, p. 53.

44. *Ibid.*, p. 59.

45. Hannah Arendt, « Réponses aux questions de Samuel Grafton », in *Écrits juifs, op. cit.*, p. 659.

Bibliographie*

ARENDT Hannah, « Action and the Pursuit of Happiness », *in* Alois Dempf *et al.* (dir.), *Politische Ordnung und menschliche Existenz : Festgabe für Eric Voegelin zum 60. Geburtstag*, Munich, Beck, 1962, p. 1-16.

– *Du mensonge à la violence. Essais de politique contemporaine*, suivi d'un entretien de l'auteure avec Adelbert Reif, trad. par Guy Durand, in *L'Humaine Condition*, Paris, Gallimard, « Quarto », 2012, sous la direction de Philippe Raynaud, p. 837-987 [*Crises of the Republic*, New York, Harcourt, Brace & World, 1969].

– *Juger. Sur la philosophie politique de Kant*, Paris, Seuil, 1991, trad. de l'anglais par Myriam Revault d'Allonnes, suivi de deux essais interprétatifs par Ronald Beiner et Myriam Revault d'Allonnes [*Lectures on Kant's Political Philosophy*, University of Chicago Press, Harcourt, Brace, Jovanovitch, Inc., 1977].

– *Journal de pensée (1950-1973)*, Paris, Seuil, 2005, 2 vol., sous la direction de Ursula Ludz et Ingeborg Borgmann, trad. de l'allemand et de l'anglais, préfacé et annoté par

* Nous avons jugé utile d'ajouter les titres des originaux en anglais des ouvrages de Hannah Arendt lorsqu'ils existent.

S. Courtine-Denamy [*Denktagebuch (1950-1973)*, Ursula Ludz et Ingeborg Nordmann (dir.), Munich, Piper Verlag GmbH, 2002].

- *Eichmann à Jérusalem. Rapport sur la banalité du mal*, sous la direction de Pierre Bouretz, Paris, Gallimard, 2002, trad. par A. Guérin, revue par M.-I. Brudny, révisée par M. Leibovici [*Eichmann in Jerusalem : a Report on the Banality of Evil*, New York, Viking Press, 1963 ; *Eichmann in Jerusalem. Ein Bericht von der Banalität des Bösen*, aus dem Amerikanischen von Brigitte Granzow, mit einem einleitenden Essay von Hans Mommsen, Munich, Zurich, Piper, 1986].
- *Les Origines du totalitarisme*, sous la direction de Pierre Bouretz, Paris, Gallimard, 2002, trad. par Michèle Pouteau, Martine Leiris, Jean-Loup Bourget, Robert Davreu et Patrick Lévy, révisées par Hélène Frappat. [*The Origins of Totalitarianism*, New York, Harcourt, Brace and Co, 1951].
- *Ich will verstehen : Selbstauskünfte zu Leben und Werk*, avec une bibliographie exhaustive, Ursula Ludz (dir.), Munich, Zurich, Piper, 3e éd. , 2007.
- *Vies politiques*, sous la direction de Patrick Lévy, Gallimard, 1974, Paris, trad. par Éric Adda *et al.*, [*Men in Dark Times*, New York, Harcourt, Brace & World, 1968].
- « Responsabilité personnelle et régime dictatorial », in *Penser l'événement*, sous la direction de Claude Habib, trad. par Michelle-Irène Brudny de Launay, Paris, Belin, 1989, p. 93-106 [« Personal Responsability Under Dictatorship », *Listener*, 6 août 1964].
- « Après le nazisme, les conséquences de la domination »,

in *Penser l'événement*, sous la direction de Claude Habib, trad. de l'anglais par Claude Habib, p. 53-78, Paris, Belin, 1989 [*The Aftermath of Nazi Rule, Commentary*, 10, oct. 1950].

– *Über das Böse. Aus dem Nachlass*, Munich, Zurich, sous la direction de Jerome Kohn, trad. par Ursula Ludz, avec une Postface de Franziska Augstein, Piper, 2006.

– *De la Révolution*, trad. par Marie Berrane avec la collaboration de Johan-Frédérik Hel-Guedj, in *L'Humaine Condition*, sous la direction de Philippe Raynaud, Paris, Gallimard, « Quarto », 2012, p. 327-523 [*On Revolution*, New York, Penguin, 1962].

– *La Vie de l'esprit*, Paris, PUF, 1981, trad. par Lucienne Lotringer, t. 1 : *La Pensée*, t. 2 : *Le Vouloir* [*The Life of the Mind*, Londres, Secker & Warburg, 1978].

– *Vor Antisemitismus ist man nur noch auf dem Mond sicher ; Beiträge für die deutsch-jüdische Emigrantenzeitung "Aufbau" 1941-1945*, Munich, Zurich, Piper, 2000.

– *Walter Benjamin-Bertolt Brecht. Zwei Essays*, Munich, Zurich, Piper (Serie Piper 12), 1971. Le même texte a été publié dans *Menschen in finsteren Zeiten*, p. 185-242 et p. 243-289 [« Bertolt Brecht, 1898-1956 », trad. par Jacques Bontemps, in *Vies politiques*, *op. cit.*, p. 192, et « Walter Benjamin, 1892-1940 », trad. par Agnès Oppenheimer-Faure et Patrick Lévy, in *Vies politques*, *op. cit*, p. 244-293].

– « La désobéissance civile », in *Du mensonge à la violence : essais de politique contemporaine*, suivie d'un entretien de l'auteure avec Adelbert Reif, in *L'Humaine Condition*, sous la direction de Philippe Raynaud, trad. par

Guy Durand, Paris, Gallimard, « Quarto », 2012, p. 887-913 [« Civil Desobedience », in *Crises of the Republic ; Lying in Politics, Civil Disobedience on Violence, Thoughts on Politics, and Revolution*, New York, Harcourt, Brace, Jovanovich, 1972].

– ARENDT Hannah, ERRERA Roger, « Fernsehgespräch » (octobre 1973), in *Ich will verstehen*, p. 116-133.

– ARENDT Hannah, GAUS Günter, « Seule demeure la langue maternelle » (1964), in *La Tradition cachée. Le Juif comme paria*, Paris, Christian Bourgois, 1987, trad. de l'allemand et de l'anglais par Sylvie Courtine-Denamy, p. 221-256 [« Was bleibt ? es bleibt die Muttersprache », in *Zur Person, Porträts in Frage und Antwort*, Feder Verlag, Munich, 1964 / *Gespräche mit Hannah Arendt*, A. Reif (dir.), Munich, Piper, 1976].

– ARENDT Hannah, JASPERS Karl, *Correspondance, 1926-1969*, Paris, Payot & Rivages, 1995, Avant-propos de Lotte Köhler et Hans Saner, trad. de l'allemand par E. Kaufholz-Messmer [Hannah Arendt-Karl Jaspers, *Briefwechsel 1926-1969*, Munich, Zurich, Piper, 1985].

– ARENDT Hannah, MCCARTHY Mary, *Correspondance, 1949-1975*, Paris, Stock, 1996, réunie, présentée et annotée par Carol Brightman, trad. de l'américain par F. Adelstain [*Between Friends : the Correspondence of Hannah Arendt and Mary McCarthy, 1949-1975*, Carol Brightman (dir.), New York, Harcourt, Brace & Co., 1994.]

– ARENDT Hannah, NAUMANN Bernd, « Le Procès d'Auschwitz » (1966), in *Auschwitz et Jérusalem*, trad. de l'allemand et de l'anglais par Sylvie Courtine-Denamy, Paris, Deux Temps-Tierce, 1991, p. 233-259

[Introduction au livre de Bernd Naumann, *Auschwitz : A Report on the Proceedings*, New York, Praeger, 1966].
– ARENDT Hannah, REIF Adelbert, « Interview » (1970), in *Macht und Gewalt*, Munich, Zurich, Piper, 1971, trad. de l'anglais par Gisela Uellenberg, p. 107-133.
– ARENDT Hannah, SCHOLEM Gershom, *Correspondance*, [*Der Briefwechsel 1939-1964*, sous la direction de Marie Luise Knott en collaboration avec David Heredia, Berlin, Suhrkamp, 2010].
ARNSBERG Paul, « War Eichmann ein Dämon ? » in *Aus Politik und Zeitgeschichte*, vol. 45/64, novembre 1964, p. 3-18.
BAUMGART Reinhard, « Mit Mördern leben ? Ein Nachwort zu Hannah Arendts Buch », in *Merkur*, n° 206/1965, p. 482-485, p. 157-167 de la présente édition.
BETTELHEIM Bruno, *Le Cœur conscient*, Paris, Robert Laffont, 1989, trad. de l'américain par Laure Cassea [*The Informed Heart*, Harmondsworth, Penguin, 1986 (1960)].
BRECHT Bertolt, *La Résistible Ascension d'Arturo Ui*, *Théâtre complet*, VII, Paris, L'Arche, 1961, trad. de l'allemand par Armand Jacob [*Der Austieg des Arturo Ui*, in *Werke. Grosse Berliner und Frankfurter Ausgabe, Band 7 – Stücke 7*, sous la direction de Werner Hecht *et al.*, Berlin, Francfort-sur-le-Main, Aufbau et Suhrkamp, 1991].
– *La Bonne Âme de Se-Tchouan*, *Théâtre complet*, V, Paris, L'Arche, 1956, trad. de l'allemand par Michel Habart [*Der gute Mensch von Sezuan*, in *Werke. Grosse Berliner und Frankfurter Ausgabe, Band 6 – Stücke 6*, sous la

direction de Werner Hecht *et al.*, Berlin, Francfort-sur-le-Main, Aufbau et Suhrkamp, 1989].

COHEN Richard J., « A Generation Response to Eichmann in Jerusalem », in *Hannah Arendt in Jerusalem*, sous la direction de Steven Aschheim, Berkeley, University of California Press, 2001, p. 253-277.

– « Breaking the Code : Hannah Arendt's *Eichmann in Jerusalem* and the Public Polemic : Myth, Memory, and Historical Imagination », in *Michael : On the History of the Jews in the Diaspora*, XIII, sous la direction de Dina Porat und Shlomo Simonsohn, Tel Aviv, The Diaspora Research Institute, 1993.

CONSEIL DES JUIFS D'ALLEMAGNE, « Die Reaktion der Juden auf die Verfolgungen der Nazizeit », *in Nach dem Eichmannprozess*, 7-9, p. 125-128 de la présente édition.

Die Kontroverse : Hannah Arendt, Eichmann und die Juden, Munich, Nymphenburger Verlagshandlung (rééd. F. A. Krummacher), 1964.

FEST Joachim C., *Begnegungen. Über nahe und ferne Freunde*, Reinbek bei Hamburg, Rowohlt, 2004.

– *Les Maîtres du IIIe Reich*, Paris, Grasset, 1965, trad. de l'allemand par Simone Hutin et Maurice Barth [*Das Gesicht des Dritten Reichs, Profile einer totalitären Herrschaft*, Munich, Piper & Co Verlag, 1963].

– « Das Mächen aus der Fremde : Hannah Arendt und das Leben auf lauter Zwischenstationen », in *Begegnungen...*, p. 176-214.

– *Die unbeantwortbaren Fragen : Notizen über Gespräche mit Albert Speer zwischen Ende 1966 und 1981*, Reinbek bei Hamburg, Rowohlt, 2005.

– *Hitler : une biographie*, Paris, Gallimard, 1973, avec la collaboration de Marie-Louise Audiberti, Michel Demet et Lily Jumel, trad. de l'allemand par Guy Fritsch-Estrangin, t. 1 : *Hitler, jeunesse et conquête du pouvoir, 1889-1933*, t. 2 : *Le Führer, 1933-1945* [*Hitler* : *eine Biographie*, Francfort-sur-le-Main, Berlin, Vienne, Ullstein, 1973].

– *Albert Speer. Le confident de Hitler*, Paris, Perrin, 2006, trad. de l'allemand par Frank Straschitz [*Albert Speer : eine Biographie*, Berlin, A. Fest, 1999].

GAUS Günter, *Widersprüche : Erinnerungen eines linken Konservativen*, Berlin, Propyläen, 2004.

GRAFTON Anthony, « Arendt und Eichmann am Esstisch », in *Hannah Arendt Revisited : « Eichmann in Jerusalem » und die Folgen*, sous la direction de Gary Smith, Francfort-sur-le-Main, Suhrkamp, 2000, p. 57-77.

GUTMAN Israel (dir.), *Enzyklopädie des Holocausts : Die Verfolgen und Ermoderung der europaïschen Juden*, 4 vol., Munich, Zurich, Piper, 1998.

HAHN Barbara, KNOTT Marie Luise, *Hannah Arendt. Von den Dichtern erwarten wir Wahrheit*, Berlin, Matthes & Seitz, s. d. [2006].

HILBERG Raul, *La Destruction des Juifs d'Europe*, Paris, Fayard, 2007, trad. par Marie-France de Paloméra et André Charpentier [*The Destruction of European Jews*, Chicago, Quadrangle Books, 1967].

HOLTHUSEN Hans Egon, « Hannah Arendt, Eichmann und die Kritiker », in *Vierteljahrshefte für Zeitgeschichte*, n° 2/1965, p. 178-190.

JASPERS Karl, *La Culpabilité allemande*, Paris, Minuit, 1990, Avant-propos de Pierre Vidal-Naquet, trad. par Jeanne Hersch [*Die Schuldfrage. Von der politischen Haftung Deutschlands*, Heidelberg, Lamert Schneider, 1946].

JÜNGER Ernst, *Journaux de guerre*, II, 1939-1948, Paris, Gallimard, « Bibliothèque de la Pléiade », 2008, édition établie par Julien Hervier avec la collaboration de Pascal Mercier et François Poncet [*Strahlungen*, Tübingen, Heliopolis, 1945].

KANT Emmanuel, *Critique de la faculté de juger*, in *Œuvres philosophiques*, II, sous la direction de Ferdinand Alquié, Paris, Gallimard, « Bibliothèque de la Pléiade », 1985, trad. par Alexandre J.-L. Delamarre *et al.* [*Kritik der Urteilskraft*, *Werke in zehn Bänden*, *Band 8*, sous la direction de Wilhelm Weischedel, Darmstadt, Wissenschaftliche Buchgesellschaft, 1968].

KELLER Gottfried, *Sämtliche Werke in sieben Bänden*, sous la direction de Thomas Böning, Gerhard Kaiser, Kai Kaufmann, Dominik Müller und Peter Villmock, Francfort-sur-le-Main, S. Fischer, 2003.

KLEE Ernst, *Das Personenlexikon zum Dritten Reich. Wer war was vor und nach 1945 ?*, Francfort-sur-le-Main, S. Fischer, 2003.

KRÜGER Horst, *Das zerbrochene Haus*, Munich, Rütten und Loening, 1966.

– « Im Labyrinth der Schuld : Ein Tag im Frankfurter Auschwitz – Prozess », in *Der Monat* 16 (1964) 188, p. 19-29.

LANG Jochen von, « Nachwort für einen Freund », *in Schuldig : Das Urteil gegen Adolf Eichmann,* sous la direction d'Avner W. Less, Francfort-sur-le-Main, Athenaüm, 1987, p. 331-335.

LICHTHEIM George, « The Eichmann Trial » (Besprechung des Buches *The Capture and Trial of Adolf*

Eichmann von Moishe Pearlman), in *The New York Review of Books*, 26 septembre 1963, p. 6-8.

LÖWENSTEIN Kurt, « Um Ehre und Rettung : die jüdische Führung in der Nazizeit », in *MB*, n° 14, avril 1963, p. 9-11.

LUDZ Ursula, « "Ich konnte nicht denken und half" : Anton Schmid, einer der "Gerechten unter den Völkern", wurde geehrt », in *Hannah Arendt Newsletter*, n° 4, avril 2001, p. 54 *sq.*

MAIER Josef, « Qu'est-ce que Hannah Arendt a vraiment dit ? », in *Eichmann à Jérusalem*, Dossier critique, « La Controverse autour d'*Eichmann à Jérusalem* », trad. de l'allemand par S. Courtine-Denamy, p. 1406-1409 (première publication dans *Rue Descartes*, 4, « Le Théologico-Politique », Albin Michel, avril 1992) [« Was hat Hannah Arendt eigentlich gesagt ? », in *Aufbau*, 20 décembre 1963].

MANN, Golo, « Der verdrehte Eichmann », in *Die Kontroverse...*, p. 190-198.

MCCARTHY Mary, « Ein Dokument ethischer Verantwortung : Zu Hannah Arendts Bericht "Eichmann in Jerusalem" », in *Die Welt*, 10 octobre 1964, « Die geistige Welt », S. III [« The Hue and Cry », *Partisan Review*, hiver 1964, p. 82-94 ; p. 129-156 de la présente édition].

MÜLLER Ingo (dir.) *Der Nürnberg Prozess : Die Anklagereden des Hauptklagevertreters der Vereinigten Staaten von Amerika, Robert H. Jackson*, Weinheim, Beltz Athenaüm, 1995.

MULISCH Harry, *Strafsache 40/61 : Eine Reportage*, Cologne, DuMont Schauberg, 1963.

MUSMANNO Michael A., « Man with an Unspotted Conscience : Adolf Eichmann's Role in the Nazi Mania Is Weighed in Hannah Arendt's New Book », in *The New York Times Review of Books*, 19 mai 1963, p. 1, p. 40 sq.

Nach dem Eichmannprozess : Zu einer Kontroverse über die Haltung der Juden, sous la direction du Council of Jews of Germany, Londres, Jérusalem, New York, Tel Aviv, Bitaon Publishing Co., 1963.

NAUMANN Klaus, « Sympathy for the Devil ? Die Kontroverse um Hannah Arendts Prozessbericht "Eichmann in Jerusalem", in *Mittelweg*, 36, février-mars 1994, p. 65-79.

The New Yorker, « The Talk of the Town : Notes and Comment » (prise de position de la rédaction sur la critique d'*Eichmann in Jerusalem* par M. Musmanno), in *The New Yorker*, 20 juillet 1963, p. 17.

RABINBACH Anson, « Hannah Arendt und die New Yorker Intellektuellen », in *Hannah Arendt Revisited : « Eichmann in Jerusalem » und die Folgen*, sous la direction de Gary Smith, Francfort-sur-le-Main, Suhrkamp, 2000, p. 33-56.

– « Eichmann in New York : The New York Intellectuals and the Hannah Arendt Controversy », in *October*, n° 108, printemps 2004, p. 97-111.

REICH-RANICKI Marcel, *Mein Leben*, Stuttgart, Deutsche Verlags-Anstalt, 1999.

– « Wie ein kleiner Setzer in Polen über Adolf Hitler triumphiert » (Interview mit Stefan Aust und Frank Schirrmacher), in *Frankfurter Allgemeine Zeitung*, 2 avril 2005, p. 39.

SAUR Karl-Otto Jr, SAUR Michael, *Er stand in Hitlers Testament : Ein deutsches Familienerbe*, Berlin, Econ, 2007.

SPEER Albert, *Au cœur du Troisième Reich*, Paris, Fayard, 1971, trad. de l'allemand par Michel Brottier [*Erinerungen*, Berlin, Propyläen Verlag, 1969].

STRECKER Reinhard-M. (dir.), *Dr. Hans Globke : Aktenauszüge, Dokumente,* Hambourg, Rütten & Loening, s. d. [1961].

WILD Thomas, *Nach dem Geschichtsbruch. Deutsche Schriftsteller um Hannah Arendt*, Berlin, Matthes & Seitz, Berlin, 2009.

WOJAK, Irmtrud (dir.), *Auschwitz Prozess 4. KS 2/63*, Francfort-sur-le-Main, Cologne, Snoeck, 2004.

YOUNG-BRUEHL, Elisabeth, *Hannah Arendt. Une biographie*, Paris, Calmann-Lévy, 1999, trad. de l'américain par Joël Roman et Étienne Tassin [*Hannah Arendt. For Love of the World*, New Haven, Londres, Yale University Press, 1982].

Note sur la traductrice

Sylvie Courtine-Denamy, docteur en philosophie, est actuellement chercheur associé au Cevipof (Centre de recherches politiques Sciences Po) et à l'ITEM. Elle a traduit les ouvrages suivants de Hannah Arendt : *La Tradition cachée. Le juif comme paria* (Christian Bourgois, 1987/1993), *Auschwitz et Jérusalem* (Deux Temps-Tierce, 1991/1993), *Qu'est-ce que la politique ?* (Seuil, 1995/2001), *Journal de pensée* 1950-1973 (Le Seuil, 2 vol., 2005), *Écrits juifs* (Fayard, 2011). Elle a également consacré plusieurs articles et ouvrages à Hannah Arendt : *Hannah Arendt* (Paris, Belfond, 1994, Hachette, « Pluriel », 1998), *Trois femmes dans de sombres temps : Edith Stein, Hannah Arendt, Simone Weil* (Paris, Albin Michel, 1997/2002, Le Livre de Poche, 2004), *Le Souci du monde. Dialogue entre Hannah Arendt et quelques-uns de ses contemporains* (Paris, Librairie philosophique J. Vrin, 1999).

Note sur les éditeurs

Ursula Ludz, née en 1936, est depuis les années 1980 l'éditrice et la traductrice de l'œuvre de Hannah Arendt en Allemagne.

Thomas Wild, né en 1973, est l'auteur de la biographie *Hannah Arendt. Leben, Werk, Wirkung* (2006) et a collaboré à l'édition de la correspondance entre Hannah Arendt et Uwe Johnson (2004).

« Ouvertures »
Collection dirigée par
Alain Badiou et Barbara Cassin

Déjà parus

Alain Badiou
Le Concept de modèle
2007

Barbara Cassin
Avec le plus petit
et le plus inapparent des corps
2007

François Wahl
Le Perçu
2007

Slavoj Zizek
La Parallaxe
2008

Michel Meyer
Principia Rhetorica
2008

Alain Badiou
Second manifeste
pour la philosophie
2009

Mehdi Belhaj Kacem
L'Esprit du nihilisme
2009

Gérard Lebrun
Kant sans kantisme
2009

François Ost
Traduire.
Défense et illustration
du multilinguisme
2009

Philippe Büttgen,
Alain de Libera, Marwan Rashed
et Irène Rosier-Catach (dir.)
Les Grecs, les Arabes et nous.
Enquête sur l'islamophobie savante
2009

Roland Gori, Barbara Cassin
et Christian Laval (dir.)
L'Appel des appels.
Pour une insurrection
des consciences
(Éditions Mille et une nuits)
2009

Alain Badiou et Barbara Cassin
Il n'y a pas de rapport sexuel.
Deux leçons sur « L'Étourdit »
de Lacan
2010

Alain Badiou et Barbara Cassin
Heidegger.
Le nazisme, les femmes,
la philosophie
2010

Jean Goldzink
La Solitude de Montesquieu.
Le chef-d'œuvre introuvable du libéralisme
2011

Stanley Cavell
Philosophie. Le jour d'après demain
2011

Quentin Meillassoux
Le Nombre et la Sirène.
Un déchiffrage du
Coup de dés
de Mallarmé
2011

Hannah Arendt
Écrits juifs
2011

Alain Badiou
La République de Platon
2011

Alain Badiou
Le Séminaire
Malebranche
L'être 2 – Figure théologique (1986)
2013

Ouvertures bilingues

Anthropologie de la guerre
Sigmund Freud
Traduction et présentation
par Marc Crépon et Marc de Launay
2010

Oc, oïl, si
Les langues de la poésie entre grammaire et musique
Traductions et commentaires
sous la direction de Michèle Gally
2010

De l'éloquence en vulgaire
Dante Alighieri
Traduction et commentaires
sous la direction d'Irène Rosier-Catach
2011

Cet ouvrage a été imprimé en France par
CPI Bussière
à Saint-Amand-Montrond (Cher)
en octobre 2013

Composition réalisée par PCA

36-10-3509-1/01

Dépôt légal : novembre 2013.
N° d'impression : 2004021.